1ª edição | 3.000 exemplares | março de 2011

ebm editora

Rua Silveiras, 23 | Vila Guiomar
CEP 09071-100 | Santo André | SP
Tel | 11 31869766
email: *ebm@ebmeditora.com.br*
www.ebmeditora.com.br

Dados Internacionais de Catalogação na Publicação (CIP)
(Câmara Brasileira do Livro | SP | Brasil)

Sanches, William

Vem ser : melhore você antes de vencer!
William Sanches.

1. edição | Santo André, SP
EBM Editora, 2011.

ISBN: 978-85-64118-04-1

Bibliografia.
1. Amor 2. Autoconhecimento 3. Conduta de vida
4. Desenvolvimento pessoal 5. Espiritualidade
6. Fé 7. Felicidade 8. Realização pessoal I. Título.

11-02797 CDD-291.4

Índices para catálogo sistemático:
1. Espiritualidade e crescimento interior 291.4

VEM SER

Melhore você antes de vencer!

ebm
editora

TÍTULO	*Vem Ser: Melhore você antes de vencer!*
AUTOR	*William Sanches*
EDITOR	*Miguel de Jesus Sardano*
REVISÃO	*Rosemarie Giudilli Cordioli*
CAPA	*Thamara Fraga*
MIOLO	e agora? design *www.eagoradesign.com.br* *Jorge Godoy*
IMPRESSÃO E PRÉ-IMPRESSÃO	*Graphium*
FORMATO	*14 x 21 cm*
NÚMERO DE PÁGINAS	*160*
ISBN	*978-85-64118-04-1*

William Sanches

Vem Ser

Melhore você antes de vencer!

ebm editora

Machado de Assis dizia que há pessoas que choram por saber que as rosas têm espinho e outras que sorriem por saber que os espinhos têm rosas.

Este livro é dedicado àqueles que enxergam rosas nos espinhos, luz na escuridão e amor onde deixaram de amar!

Com carinho!

William Sanches

Homenagem

À querida Dona Guiomar de Oliveira Albanesi,
que me encantou pela juventude e pela quantidade
de amor que vi em seus olhos.

Agradecimento

A todos os meus queridos amigos e amigas que colaboraram, sem perceberem, na elaboração dessa obra. As alegrias, as angústias, os medos, os olhares, os sonhos, as dúvidas, as conversas e o silêncio... Foram todos elementos fundamentais para a confecção de minhas ideias.

Em especial,

Adriana Soeiro Pino
Anderson Cavalcante
Francisco Ricardo Gonçalves

Prefácio

JÁ DIZIA SARAMAGO QUE *ESCREVER É TRADUZIR* E WILLIAM SANCHES TRADUZ EM PALAVRAS SEU PENSAMENTO, SUAS INQUIETAÇÕES, SUAS CRENÇAS, SEUS OLHARES PARA A ESCRITA, BUSCANDO DESPERTAR NO LEITOR O SENTIDO DO "SER".

Seguindo o mesmo estilo característico de seus livros anteriores, marcados pela simplicidade e sensibilidade, William Sanches nos convida, por meio de seu mais novo trabalho, a termos um olhar diferente para a vida e a buscarmos dentro de nós respostas para as questões do bem-viver e não só de como viver bem.

Ele deixa claro que o mais importante são os valores que cultivamos dentro de nós, que o bem-viver está, inteiramente, ligado ao nosso equilíbrio emocional, espiritual e não somente aos fatores externos.

O livro não pode ser considerado de autoajuda, pois não traz receitas prontas de sucesso ou de como vencer desafios, é sim um livro que nos leva a refletir acerca do que realmente importa na vida, da forma como encaramos nosso semelhante, as questões do espírito e do ser. Tem como marca uma linguagem avessa ao modismo, raramente encontrada neste tipo de obra. É instigante e apaixonante.

O autor consegue tocar em temas importantes como espiritualidade, educação, gentileza, sonho, amor e Deus de uma maneira leve e profunda, não esgotando os assuntos, muito pelo contrário, pois ao término de cada capítulo surgem novos questionamentos acerca do nosso principal objetivo de viver, qual o nosso real papel neste mundo, qual o objetivo de estarmos aqui neste momento, neste lugar, neste tempo...

Podemos contar nesta obra com o apoio de filósofos, educadores, escritores e poetas que se fazem presentes por meio de seus belíssimos textos, muito bem selecionados pelo autor. São pensadores que muito contribuíram para a construção de um mundo melhor, de um homem mais humanizado e reflexivo.

Enfim, a obra de William Sanches tem um papel fundamental ao promover a reflexão em cada indivíduo, mas principalmente o de trazer na sua totalidade o amor, que como ele mesmo diz: "nunca sai de moda", e está dentro de cada atitude de SER – fator imprescindível para VENCER.

Silvia Soler Bianchi

Educadora, Historiadora, Escritora
e Mestre em Comunicação e Administração.

Introdução

'Il Faut Changer La vie !'

É preciso mudar a vida!

VI ESTA FRASE EM UM QUADRO MUITO LINDO, NÃO HAVIA NELE DESENHO QUALQUER, NEM PAISAGEM, MUITO MENOS O ROSTO DE ALGUÉM FAMOSO. Era apenas um fundo bege com as letras em uma escrita do tipo meio envelhecida e com os dizeres em francês *Il Faut changer La vie* que significa "é preciso mudar a vida". Talvez pela simplicidade do quadro, a sua beleza me conquistou e a expressão me fascinou, mas a profundidade e o significado da frase me fizeram refletir acerca do que é necessário mudar ou o quanto é necessário mudar.

Mudar uma vida inteira ou mudar-se e, assim, repentinamente mudar a forma de viver? São perguntas que muitas vezes permeiam o pensamento das pessoas: recomeçar, mudar, alterar, evoluir. Junto a esses pensamentos de mudanças é comum o medo e a insegurança estarem sempre presentes.

Somos um complemento de corpo, mente e alma. Na correria do dia a dia, na pressa e na busca do ter, as pessoas se esquecem do mais importante: SER. Na ânsia da falta de tempo é comum o desequilíbrio.

Cada ser é único e capaz de ser sempre melhor, basta deixar que isso aconteça. Isso se chama evolução, quando permitimos evoluir seja pelo convívio humano ou mesmo pelo aprendizado, seja pelo conhecimento, pela educação, pelo amor, pelo perdão ou até mesmo pelas perdas que sofremos; permitimos automaticamente um avanço, um novo degrau percorrido. Se nós passamos por aqui para evoluir, jamais sairemos os mesmos do que quando chegamos. A espiritualidade não é uma religião, é a relação natural do homem com Deus. Não importa a caminhada se a busca é por essa luz e por essa força divina. O que importa é prosseguir. É atingir os objetivos, é estar perto Dele.

O livro **Vem Ser** não pode ser encarado como uma receita de vida, mesmo porque elas não existem. O livro deve ser encarado como um convite a uma nova forma de ver a vida. Existem ângulos e muitas vezes apenas olhamos por alguns deles e como todo o convite, o convidado aceita ou não. Nesse caso, o convite é para ser alguém melhor. Todos nós podemos ser sempre um pouco melhor: um pai amigo, uma mãe compreensiva, um filho dedicado, um funcionário melhor, um professor mais amoroso, um amigo mais presente, um espírito mais evoluído...

Todos nós estamos aqui de passagem, em uma viagem pela evolução humana, e fazer a diferença no mundo torna essa passagem mais bonita, mais leve.

Vem Ser é um convite à evolução: melhore você para vencer. O livro apresenta questões importantes no tocante às relações interpessoais, com uma linguagem simples, mas reflexões profundas. O respeito, a educação, a gentileza e o amor são alguns dos protagonistas. O objetivo não é esgotar os assuntos, muito pelo contrário: é provocar uma reflexão a respeito do que somos e do que praticamos. Como nos dizeres do quadro referenciado anteriormente, "é preciso mudar a vida", mas é preciso, inicialmente, mudar a nós mesmos, sendo seres capazes de garantir a paz e o amor ao próximo, assim, não mudaremos apenas nossas vidas, mas também a vida daqueles que amamos.

Ninguém vive isoladamente. Nenhum muro é, suficientemente, alto para nos separar da vida lá fora, do convívio com o outro. Por mais alto que sejam os muros, eles não são o bastante para nos separar da solidão ou do desespero. Por mais difíceis de serem escalados, os muros não nos separam da tristeza, da mágoa e do desamor, e mesmo que não precisemos dos outros, eles precisam de nós.

Coloquei neste livro algumas pedras soltas que servem na construção de uma escada. Uma escada construída para pular os muros mais difíceis, os muros do coração. Muros que muitas vezes separam homem, sentimento e alma, que conseguem isolar pessoas, não somente no mundo exterior, mas que fecham as possibilidades interiores.

Faço um convite a você, leitor: vem ser! Vamos construir juntos essa escada.

Construindo essa escada também poderemos pular os muros que nos cercam e, quem sabe, promover uma nova perspectiva, um novo caminho, um novo trajeto. Uma estrada de luz.

William Sanches

Julho de 2010.

O convite: vem ser!

[...] No entanto, já estou de algum modo
presa à terra: sou uma filha
da natureza: quero pegar, sentir, tocar, ser...
Sou um ser.
E deixo que você seja.
Isso lhe assusta?
Creio que sim. Mas vale a pena.
Mesmo que doa.

Clarice Lispector

NOSSA INCAPACIDADE CRESCENTE DE NOS RELACIONARMOS UNS COM OS OUTROS ESTÁ ATINGINDO PROPORÇÕES ASSUSTADORAS. Sempre escrevi e defendi a teoria da evolução por meio da educação, e atualmente parece estar cada vez mais difícil colocar isso em prática. A educação é um conjunto de ações visando edificar a criatura humana, ensinando-a e esclarecendo-a.

A educação que defendo não é só a ensinada nas escolas, pois há muito, ela ficou restrita apenas às instituições de ensino. Hoje, essas instituições pedem socorro, porque é, humanamente, impossível reunir educação apenas em um ou em outro lugar. A educação está presente em todos os lugares: no trânsito, no restaurante, no ônibus, no convívio com os colegas de trabalho ou na pura aceitação das pessoas que amamos. Infelizmente, cenas de desrespeito e de desamor acontecem, e o mais triste é reparar o quanto as pessoas estão se acostumando com elas.

A maneira que as pessoas encontraram para superar esses e outros problemas está no distanciamento umas das outras. Pessoas se fecham em casulos, criam verdadeiras muralhas em torno de si. E, assim, evitam que outras pessoas se aproximem, ou que convivam consigo. Perdem por não se relacionarem com os outros. A sociedade moderna exige, antes de tudo, pessoas capazes de se relacionar umas com as outras de maneira sadia, concisa e agradável.

Ao longo do livro discutirei esse e outros assuntos, mas, antes, quero chamar atenção para uma pesquisa recente que aponta o que já percebemos: daqui a dez anos casos de depressão matarão mais do que problemas cardíacos. Simplesmente não precisamos nos projetar para o futuro para saber disso, basta observar a quantidade de pessoas deprimidas, amargas, tristes, distantes...

O propósito deste livro é lançar um pouco de luz sobre algumas questões. A tarefa é muito difícil, mas necessária. Sem esse conhecimento, acabamos vivendo junto com o ódio, com o medo, com a solidão e, continuamente, ferindo uns aos outros. A escritora Cora Coralina tem uma frase pela qual sou apaixonado: *O que vale na vida não é o ponto de partida e sim a caminhada. Caminhando e semeando, no fim terás o que colher.*

Esse convite que faço ainda é possível, simplesmente, porque a escolha ainda é nossa e a gente sempre pode ser um pouco melhor, fazer um pouco melhor. Pablo Neruda, em seu poema **Sê**, fala a respeito do ser, diz que se não pudermos ser um pinheiro no topo de uma colina, poderemos ser um arbusto no vale, mas ser o melhor arbusto. Também diz o poeta que poderemos ser um ramo, se não pudermos ser uma árvore, mas se formos um ramo que seja, então, aquele que dará alegria a algum caminho. E, assim, Neruda continua:

Se não puderes ser uma estrada, sê apenas uma senda.
Se não puderes ser o Sol, sê uma estrela.
Não é pelo tamanho que terás êxito ou fracasso...
Mas sê o melhor no que quer que sejas.

Aliás, recorro durante toda esta obra a escritores, poetas, professores, filósofos ou àqueles que marcaram suas vidas pelo amor e pela dedicação ao próximo e nos deixaram lições profundas quando conseguimos enxergar além. Digo isso porque tomo como exemplo o SER e suas atitudes, não essa ou aquela religião como correta ou errada. São pessoas, líderes, literatos que se tornaram exemplos porque usaram da educação, do aprendizado, do amor ao próximo e, simplesmente, da sensibilidade para tentar melhorar a vida e as pessoas. Cada um com seu talento, com sua facilidade, com seu dom, mas que cuidaram para que suas palavras e atitudes pudessem tocar o outro.

Pessoas especiais são aqueles que conseguem transformar o aprendizado em sabedoria e usar isso na construção de nossa ponte evolutiva. São pessoas que conseguem colocar em prática aquilo que a vida ensina, simplesmente, porque possuem mente e coração abertos para a mágica que é viver e conviver.

Penso que esses exemplos foram e são pessoas que possuíam dentro de si os mesmos dizeres do quadro *É preciso mudar a vida.*

Como essas pessoas, cada um de nós pode ser também um exemplo. Sem pretensões de mudar o mundo, mas cada um pode começar a mudar, pode começar a melhorar sua casa, seu trabalho, seu escritório, sua escola, sua rua, ou seja, o seu mundo. Não é preciso mudar o mundo de uma vez, mas é necessário começar a mudar o exato lugar onde estamos.

Chico Xavier, uma das pessoas que admiro pela capacidade de tocar o coração das pessoas, pela dedicação que teve em vida às pessoas e pelo amor que pregou e praticou, sempre dizia que a gente pode morar em uma casa mais ou menos, em uma rua mais ou menos, em uma cidade mais ou menos, e até ter um governo mais ou menos. Ele também dizia que a gente pode dormir em uma cama mais ou menos, comer um feijão mais ou menos, ter um transporte mais ou menos, e até ser obrigado a acreditar mais ou menos no futuro. A gente pode olhar em volta e sentir que tudo está mais ou menos... O que a gente não pode mesmo, nunca, de jeito nenhum, é amar mais ou menos, sonhar mais ou menos, ser amigo mais ou menos, namorar mais ou menos, ter fé mais ou menos e acreditar mais ou menos, pois o grande perigo disso tudo é nos tornarmos uma pessoa mais ou menos.

As pedras que rolam pelo rio...

Quando uma criatura humana desperta para um grande sonho e sobre ele lança toda a força de sua alma, todo o universo conspira a seu favor.

Goethe

SE OBSERVARMOS AS PEDRAS QUE ROLAM PELO RIO, PODEREMOS VER O QUANTO SÃO REDONDAS E BRILHANTES. Nessa longa viagem, rio abaixo, as pedras rolam anos e anos em atrito com as outras. Dessa maneira, passam a ser quase que perfeitas: redondas e brilhantes. Diferente das outras pedras que ficam à margem do rio. Sempre nos dando a impressão de observarem tudo. Essas pedras são pontudas, sem forma definida, estáticas como pedras que são. Na verdade, as pedras que rolam pelo rio se tornam redondas e brilhantes porque o atrito com outras pedras ao longo dos anos permite que sejam transformadas.

Da mesma maneira, começamos nossas vidas como pedras pontiagudas, cheia de excessos, mas o contato com as pessoas nos permite sermos como somos. O exemplo das pedras é fantástico, porque somos da mesma maneira. O atrito são nossos contatos humanos. Sem eles, sem os atritos, sem essa jornada trabalhosa e às vezes árdua, sem os problemas, as dificuldades, seríamos como pedras de margem de rio, cheias de excessos.

A observação mais importante é constatar que não existem sentimentos sem o devido contato, e os seres de grande valor percebem o quanto perdem de seus excessos no decorrer de sua jornada, se aproximando cada vez mais de sua própria essência.

Precisamos dessa jornada, precisamos do percurso do rio, mesmo que, às vezes, ele seja cansativo e feroz. Charles Chaplin, ator e diretor inglês, também conhecido por Carlitos, no Brasil, deixou um texto fantástico acerca dessa caminhada, acerca desse trajeto:

Tua caminhada ainda não terminou...
A realidade te acolhe
dizendo que pela frente
o horizonte da vida necessita
de tuas palavras
e do teu silêncio.

Se amanhã sentires saudades,
lembra-te da fantasia e
sonha com tua próxima vitória.
Vitória que todas as armas do mundo
jamais conseguirão obter,
porque é uma vitória que surge da paz
e não do ressentimento.

É certo que irás encontrar situações
tempestuosas novamente,
mas haverá de ver sempre
o lado bom da chuva que cai
e não a faceta do raio que destrói.

Tu és jovem.
Atender a quem te chama é belo,
lutar por quem te rejeita
é quase chegar à perfeição.

A juventude precisa de sonhos
e se nutrir de lembranças,
assim como o leito dos rios
precisa da água que rola
e o coração necessita de afeto.

Não faças do amanhã
o sinônimo de nunca,
nem o ontem te seja o mesmo
que nunca mais.
Teus passos ficaram.
Olhes para trás...
mas vá em frente
pois há muitos que precisam
que chegues para poderem seguir-te.[1]

Passar pela vida sem se permitir um relacionamento com o outro, próximo ou não, diário ou apenas único, é não crescer, não evoluir, não se transformar. Passamos pelo mundo para evoluir e essa caminhada faz parte desse processo. Evoluímos quando estudamos, quando trabalhamos, quando amamos ou mesmo quando sofremos por amor. Se permitir renovar, aprender e reaprender, viver e conviver, criar e realizar sonhos são momentos únicos de evolução. Como na história das pedras, o contato humano permite-nos modelar, aproximando-nos de nossa própria essência. Nessa jornada somos como as pedras, mas ao contrário delas, podemos escolher estar dentro ou fora do rio...

1 | Disponível em: < http://pensador.uol.com.br/Charles _Chaplin/ >
Acesso em: 10/06/2010.

Hoje você é uma uva, mas uva passa

Há uma primavera em cada vida: é preciso cantá-la assim florida, pois se Deus nos deu voz, foi para cantar!

E se um dia hei-de ser pó, cinza e nada
que seja a minha noite uma alvorada, que
me saiba perder... para me encontrar....

Florbela Espanca

"HOJE VOCÊ É UMA UVA, MAS UVA PASSA" – PARECE SER UMA FRASE SIMPLES, MAS TEM UM VALOR SEMÂNTICO ABSURDO. Esse slogan foi utilizado em "outdoors" na propaganda de um produto de beleza francês muito famoso e que nos remete a compararmos as pessoas a uma uva: linda, nova, "esticadinha" e que todos querem, mas sempre com o alerta "uva passa", persuadindo, assim, os compradores a fazerem uso do produto para que não fiquem como uma uva-passa, o que dispensa apresentações.

Quero aproveitar para refletir acerca da busca desenfreada pela beleza externa, busca que faz com que algumas pessoas se esqueçam de outra beleza, ainda mais importante, mais evoluída...

Por muitas eras, o modelo de beleza consistia em estruturas ósseas muito fortes em corpos muito pesados e repletos de contornos: eram épocas em que reinavam como belas as "pessoas" grandes e gordas. No século XX, porém, o rompimento total com esse modelo aconteceu em razão do materialismo voraz que tomou conta de tudo e de todos. Desde o início da industrialização e do sistema capitalista, tudo se tornou uma mercadoria.

Com o passar do tempo, além daquela mercadoria que o trabalhador vendia – a sua força de trabalho, a mão de obra humana – muitas pessoas que se enquadravam no, então, modelo ideal de beleza, passaram a vender a sua imagem e, por meio dessa imagem, passaram também a vender de tudo que fizesse com que as outras pessoas acreditassem que o seu "consumo" as tornaria igualmente belas, e as colocaria dentro desse determinado padrão de beleza. Até hoje é assim: esperando ficar igual à garota propaganda, por exemplo, as consumidoras compram o que podem e o que não podem; o mesmo acontece com os homens, pois, há muito, a vaidade deixou de ser uma característica predominantemente feminina.

O Brasil tornou-se um dos principais países em quantidade de cirurgias plásticas. Enquanto a França exporta perfumes, o Brasil exporta "corpos". Recentemente, uma pesquisa realizada nos Estados Unidos comprovou que apenas 2% das pessoas consideram-se bonitas. Um dado assustador, pois se 98% das pessoas se acham feias de alguma forma, o objeto de desejo estabelecido não está sendo alcançado. O que as pessoas precisam perceber é que cada uma possui sua beleza particular e, principalmente, que a beleza mais importante está sendo esquecida: a beleza interior. Se a pessoa estiver feliz, de bem consigo mesma, as outras também a acharão bonita exteriormente, pois a beleza interior é fundamental e se reflete no físico de quem a tem. Por mais que faça uma cirurgia reparadora ou dezenas de sessões estéticas para se buscar a beleza, se a pessoa não mudar seu estado de espírito, ela continuará se achando feia ou fora do padrão e todos à sua volta, certamente, terão a mesma opinião. Já as pessoas que são extremamente bonitas, interiormente, são admiradas por muitas outras.

De que adianta uma pessoa ser fisicamente linda, se a sua maneira de SER, de agir, de tratar os outros, de se expressar não são do agrado daqueles que com ela convivem? De nada adianta, pois essa pessoa estará, constantemente, sozinha mesmo sendo uma uva. O contrário disso também vale: uma boa conversa, uma manifestação de sabedoria, um sorriso, uma palavra agradável e confortante, muitas vezes, fazem com que o feio pareça bonito e esteja sempre rodeado de outras pessoas. O materialismo radical da atualidade, que exige a aparência ideal nas atividades profissionais e pessoais, leva as pessoas a conjugarem apenas um verbo: ter.

Mais uma vez, Charles Chaplin nos proporciona uma reflexão sobre a importância daquilo que somos e discorre acerca da singularidade do ser:

Cada pessoa que passa em nossa vida, passa sozinha, é porque cada pessoa é única e nenhuma substitui a outra! Cada pessoa que passa em nossa vida passa sozinha e não nos deixa só porque deixa um pouco de si e leva um pouquinho de nós. Essa é a mais bela responsabilidade da vida e a prova de que as pessoas não se encontram por acaso.[2]

Infelizmente, no intuito de querer ter, o ser humano da atualidade está se esquecendo do mais importante: SER. Ser bonito é algo bom e necessário, mas não é o

2 | Disponível em: < http:// pensador.uol.com.br/Chalés _Chaplin/ > Acesso em: 10/06/2010.

essencial. Ser inteligente, ser sociável, ser ético, ser generoso, ser livre, ser feliz! Esses são os aspectos da verdadeira beleza humana, pois quando partirmos desse plano onde estamos não importará o carro que dirigimos, nem tampouco as roupas que vestimos. No poema **A morte chega cedo** Fernando Pessoa discorre acerca desse assunto:

A morte chega cedo

A morte chega cedo,
Pois breve é toda vida
O instante é o arremedo
De uma coisa perdida.
O amor foi começado,
O ideal não acabou,
E quem tenha alcançado
Não sabe o que alcançou.
E tudo isto a morte
Risca por não estar certo
No caderno da sorte
Que Deus deixou aberto.[3]

Quando partir o que, verdadeiramente, importará não será o que você tinha, mas o que você foi. As pessoas que aqui ainda ficarem se lembrarão mais das palavras

3 | Disponível em: < http:/ pensador.uol.com.br/autor/fernando_pessoa/ > Acesso em 10/06/2010.

doces, dos gestos de gentileza, do amor desprendido, das risadas soltas e não das roupas, nem dos restaurantes caros que você frequentou. Se o caderno está aberto, como no poema, prefira escrever linhas de doçura. Afinal, de que adianta ser uma uva linda e cheirosa por fora, mas amarga e estragada por dentro? É preferível ser uma uva-passa docinha...

Acredite sempre em você

Embora ninguém possa voltar atrás e fazer um novo começo, qualquer um pode começar agora e fazer um novo fim.

Chico Xavier

ALGUMAS PESSOAS NÃO ACREDITAM EM AUTOESTIMA E ACHAM QUE PODE SER ALGO APENAS PSICOLÓGICO, SEM NENHUM ACRÉSCIMO SIGNIFICATIVO PARA AQUILO QUE FAZEM. Nunca se escreveu tanto e nem se falou tanto acerca desse tema. Ao perceber a grandiosidade da autoestima e o resultado que ela permite, muitos grupos criaram programas para incrementar a autoestima de estudantes e de funcionários assumindo que as qualificações melhorariam, os conflitos decresceriam e que isto levaria a um mundo mais feliz e bem-sucedido. Hoje, temos até empresas especializadas em 'cuidar' da autoestima de funcionários, pois um funcionário com boa autoestima produz muito mais e com qualidade.

A autoestima é importante para todo ser humano. A vontade de realizar faz com que a pessoa, com uma boa autoestima, procure fazer sempre o melhor. Mas o que é realmente a autoestima? É, simplesmente, a opinião e o sentimento que cada pessoa tem de si mesma. É ser capaz de respeitar, confiar e gostar de si.

Acontece que uma grande parte das pessoas está com baixa autoestima, que é causada por vários fatores como a insegurança, a inadequação, o perfeccionismo, dúvidas constantes, incerteza do que se é, sentimento vago de não ser capaz de realizar nada, não se permitir errar, necessidade de agradar, de aprovação, de reconhecimento. Tenho percebido uma avalanche dessas sensações o tempo todo nas pessoas. As pessoas vivem angustiadas, preocupadas, deprimidas e com medo de tudo. Medo de perder o emprego, de não ser querida, de ser roubadas, de ficar sozinhas, de arriscar...

Eu tenho medo que o medo vire um estilo de vida.

Esse medo contumaz faz com que as pessoas se isolem e façam sempre um escudo como traje certo. E só observar como as pessoas estão desacostumadas a receber um elogio e acabam, às vezes, se defendendo dele, parece ser algo de outro mundo. Certa vez elogiei a roupa de uma colega de trabalho e ela se defendeu dizendo: "... mas é velha, faz tanto tempo que comprei...". Isso não importa, apenas receba o elogio. Ele é um presente, apenas agradeça.

Isso que minha colega fez chama-se autodefesa. Talvez para uma crítica desenfreada, para um comentário maldoso e irônico seria mais fácil responder. Entristece ver quando pessoas perdem a naturalidade e enrijecem as mais simples das atitudes.

Para elevar a autoestima é preciso ter autoconhecimento, manter-se em forma física, gostar da imagem refletida no espelho, identificar as qualidades e não somente os defeitos, aprender com a experiência passada, tratar-se com amor e carinho, manter diálogo interno, acreditar que merece ser amado ou amada, fazer todo dia algo que traga alegria, e pode-se fazer coisas simples como dançar, ler, descansar, ouvir música, caminhar. E, principalmente, ter coragem para mudar aquilo que não está lhe fazendo bem.

Quando nossa autoestima está realmente em "alta" todos à nossa volta percebem e o impressionante é como a autoestima está ligada ao bom humor. A energia positiva é contagiante. Da mesma forma, uma pessoa negativa, de mau humor, com atitudes grosseiras corrompe um ambiente e acaba transmitindo e contagiando alguns. Essa está constantemente sozinha, sua companhia não agrada no ambiente de trabalho, muito menos nos ambientes de lazer. É sempre esquecida nas festas de empresas, nos convites para coquetéis, nos encontros de amigos. O ser mal-humorado vive em uma redoma de tristeza que o consome, transformando-o naquilo que chamamos de metralhadora de mágoas, e sua rotina é cercada de tristeza. Portanto, se você quer mais da vida, essa não pode ser a sua opção.

Não digo ser fácil, digo ser necessário. Sempre que somos atingidos por alguma grosseria é automático revidar da mesma forma, mas aquela maneira grosseira, rude que foi direcionada a nós é a maneira que a pessoa tem e você não precisa ser da mesma maneira. O presente só é seu quando você o aceita, caso contrário, ele volta com aquele que lhe ofereceu.

Não se corromper é difícil e requer muito amadurecimento moral e espiritual. A saída é ir além de qualquer sensação de angústia ou medo. É preciso acreditar em si e estabelecer uma confiança que o mova para frente.

Até aqui, não há problema algum ter autoestima, mas tem acontecido algo, extremamente, desagradável nesses programas de supervalorização da autoestima. Alguns se amam tanto e se estimam tanto que esquecem de amar os outros, esquecem que os outros possuem sentimentos e também gostam de ser lembrados. É o momento em que a autoestima deixa de ser um sentimento bom para se tornar egoísmo, um dos piores comportamentos humanos. E egoístas são aquelas pessoas que querem estar o tempo todo como centro das atenções, que não permitem que o outro fale, exponha sua opinião, tudo o que é do outro é ruim. O egoísmo, então, toma conta da autoestima. São duas linhas paralelas e nessa viagem o bom-senso precisa estar no banco ao lado. É preciso se colocar no lugar do outro, entender e ouvir outras opiniões. Autoestima é amor próprio, necessário e deve ser equilibrado.

Não deixe abalar a autoestima. Ela é ferramenta importante em nosso dia. Acredite sempre em você mesmo, no outro e em Deus. Essa é a "carta na manga". É o segredo para superar seus receios e dar a volta por cima. Lembre-se também que você pode melhorar o dia de alguém e o seu - apenas com um sorriso. Tente, é contagiante!

Vítima do próprio pensamento

Cada dia que amanhece assemelha-se a uma página em branco, na qual gravamos os nossos pensamentos, ações e atitudes. Na essência, cada dia é a preparação de nosso próprio amanhã.

Chico Xavier

SOU PROFESSOR PORQUE SEMPRE QUIS SER. DESDE PEQUENO JÁ LECIONAVA NAQUELAS ESCOLINHAS QUE A GENTE SEMPRE MONTA EM CASA, COM LOUSA, GIZ E CADERNOS. Talvez algo mais forte que eu mesmo não saiba explicar, mas hoje vejo que minha profissão me permitiu estar em contato direto com as pessoas. Já lecionei em todos os níveis educacionais, comecei com as crianças, os jovens, e hoje me dedico ao ensino superior e às palestras, essas me permitem percorrer, visitar várias cidades, estar sempre em lugares diferentes e com pessoas de culturas diferentes. Durante esse tempo aprendi o quanto é difícil lidar com o pensamento das pessoas. Às vezes falamos algo e o outro entende completamente diferente. É incrível. Mas, como defendo que a mágica da vida é viver e conviver com as diferenças, esse contato direto com as pessoas proporciona evolução que, às vezes, as pessoas não percebem e até não se permitem passar. São aqueles que passam a vida dizendo saber de tudo, que nasceram assim e não mudam.

Se essa vida é uma evolução, como podemos nascer sabendo tudo e não nos permitir aprender com o outro? O nosso pensamento é algo muito perigoso, o psicológico humano traz segredos ainda desvendáveis e quantas vezes nós mesmos nos surpreendemos com algumas ideias ou atitudes que jamais havíamos pensado em ter? Existe uma fábula chamada **A estória do martelo** de Paul Watzlawick que traduz exatamente isso:

A estória do martelo

Um homem queria pendurar um quadro. O prego ele já tinha, só faltava o martelo. O vizinho possuía um, e o nosso homem resolveu ir até lá pedi-lo emprestado.

Mas ficou em dúvida:

'E se o vizinho não quiser me emprestar o martelo? Ontem ele me cumprimentou meio secamente. Talvez estivesse com pressa. Mas isso devia ser só uma desculpa. Ele deve ter alguma coisa contra mim. Mas por quê? Eu não fiz nada! Ele deve estar imaginando coisas. Se alguém quisesse emprestar alguma ferramenta minha eu emprestaria imediatamente. Por que ele não quer me emprestar o martelo? Como é que alguém pode recusar um simples favor desses a um semelhante? Gente dessa laia só complica a nossa vida. Na certa, ele imagina que eu dependo dele só porque ele tem um martelo. Mas, agora chega!'

E correu até o apartamento do vizinho, tocou a campainha, o vizinho abriu a porta. Mas antes que pudesse dizer 'Bom Dia', o nosso homem berrou:

'Pode ficar com o seu martelo, seu imbecil!' [4]

4 | Paul, WATZLAWICH, *Sempre Pode Piorar ou A Arte de Ser (In) Feliz - Uma Abordagem Psicológica.*

A pessoa pode não perceber, mas esse tipo de postura, de acordo com o conto, é violência. O pensamento pode transmitir isso de uma forma tão violenta que fere aquele que recebe e, muitas vezes, até sem perceber.

Por exemplo, uma esposa que imagina algo e começa a ser violenta com seu marido, a responder e agredi-lo sempre com palavras grosseiras, ou o pai que imagina algo a respeito do filho, alimenta esse tipo de pensamento e passa a ser agressivo e tudo que o filho faz parece estar errado, ser proposital. Ou em um escritório, onde um colega tem sempre a impressão de o outro estar cometendo erros propositais, assim também em uma empresa quando o funcionário sente medo de ser demitido, acredita naquilo e tudo o que acontece parece ser motivo para perder o emprego. Sofre no pensamento, sofre, antecipadamente, com algo que nem sequer aconteceu. Ele acredita tanto naquilo que atrai para si. Somos energia e emitimos energia. Atraímos para nós o que pensamos, somos o que pensamos e alcançamos aquilo que almejamos. Não perca tempo. Use suas energias para produzir pensamentos positivos, atraia para si algo bom, pessoas do bem.

Carregar pensamentos pesados é carregar em si mágoas e feridas – uma verdadeira metralhadora de mágoas ferindo, magoando e afastando as outras pessoas.

A linguagem tem o poder de aproximar e afastar as pessoas. É só perceber aqueles que sempre falam estampando um sorriso, aqueles que sempre têm uma frase amiga e um elogio verdadeiro. Pessoas desse tipo estão, constantemente, cercadas de pessoas afins, pessoas que também gostam e emanam esse tipo de energia. Pelo contrário, aquelas que só falam de maneira grosseira, que usam o tempo todo de ironia, de duplo sentido, de frases ambíguas para ferir, vivem constantemente sozinhas, simplesmente porque os outros se afastam. É comum encontrarmos pessoas assim reclamando da vida. Reclamam de tudo: porque está calor, porque fez frio, porque começou a chover. Reclamam apenas pelo ato prazeroso de reclamar. Ora, se começou a chover, irá parar em breve. O engraçado é que essas pessoas usam frases bem comuns tais como: "justo agora que eu ia sair começou a chover" ou "tinha que chover justo agora?". Será que o Planeta está num combinado contra essa pessoa?

Machado de Assis no livro **Memórias Póstumas de Brás Cubas** diz assim: *Trata de saborear a vida; e fica sabendo, que a pior filosofia é a do choramingas que se deita à margem do rio para o fim de lastimar o curso incessante das águas. O ofício delas é não parar nunca; acomoda-te com a lei, e trata de aproveitá-la.*[5]

Vejo sempre pessoas dizendo assim "nada para mim dá certo!" ou "só comigo acontece isso...". Engraçado que é exatamente assim. Porque essas pessoas atraem para elas esse tipo de situação. É preciso aproveitar o percurso do rio e não chorar a ordem da natureza.

5 | Machado, ASSIS, *Memórias Póstumas de Brás Cubas.*

Pessoas que carregam dentro de si preconceitos, ideias pesadas, carregadas de maldade, também são vítimas do próprio pensamento. Deixam de viver momentos fantásticos, de aproveitar amizades de toda uma vida, por conta dos preconceitos que carregam dentro de si. Aprendem e jamais se permitem reaprender. Estamos reaprendendo todos os dias, em todos os minutos da vida. Senão qual o sentido da vida?

No livro **O que realmente importa?**, de Anderson Cavalcante, a quem tenho profunda admiração e carinho, não só pela simplicidade, mas pelos sonhos que consigo ver gritando dentro de seus olhos, a cada conversa nossa, destaco a seguinte passagem:

> [...] como na história de duas freiras que caminham juntas e não podem ter nenhum contato com homens. Num determinado momento, elas encontram um senhor de idade com dificuldades para atravessar a rua. Uma delas não hesita e o ajuda atravessar. O senhor agradece e a freira segue em frente. Mais de uma hora depois, caminhando em silêncio, a freira que não havia ajudado o homem se vira para a outra e diz: 'você sabe que não deve ter contato com homens. Por que o ajudou?'. A outra freira responde: 'Saiba que meu ofício é ajudar quem precisa. Eu o ajudei há mais de uma hora, mas é você quem está com o homem até agora no pensamento'.[6]

Aqueles que são vítimas do próprio pensamento esperam sempre do outro e não esperam nunca de si pró-

6 | Anderson, CAVALCANTE, *O que realmente importa?*

prios. São pais que não conseguiram sucesso, que agora depositam tudo no filho, como se os filhos não tivessem também o direito de escolha, o direito do fracasso, como se fossem condenados apenas ao sucesso e a fazerem o que os pais definem.

Vítimas do próprio pensamento são aqueles que a todo problema depositam no outro a culpa. Filhos que passam a vida dizendo serem vítimas, que seus pais nunca o ajudaram, por exemplo. O pior é quando encontramos irmãos que se odeiam. Brigam por dinheiro, por herança ou por simples detalhes do cotidiano. Reclamam do sucesso do irmão, colocando-se na condição de vítimas – é a famosa vitimização. Sempre o outro é culpado. São vítimas perpétuas e gostam de se sentir assim.

O sucesso não é por acaso. O sucesso é senão um mérito.

Uma árvore que cresce em direção ao céu, cresce porque tem suas raízes. O sucesso dos outros parece sempre ser fácil porque não vemos as raízes: a preparação, o esforço, as conquistas, o trabalho árduo, ou seja, sem água, sustento, a árvore tombaria. O que quero dizer é que não há resultado sem esforço.

Encontro pessoas que pedem a Deus para emagrecer, fazem orações, novenas, mas comem o tempo todo. Alguns pedem um emprego, mas não saem de casa para procurar. Reclamam do emprego que têm, mas não mudam, não fazem um curso de aperfeiçoamento, passam anos reclamando e fazendo o trabalho malfeito. É preciso fazer nossa parte. Fernando Pessoa diz amar tudo o que foi...

Eu amo tudo o que foi

Eu amo tudo o que foi,
Tudo o que já não é,
A dor que já me não dói,
A antiga e errônea fé,
O ontem que dor deixou,
O que deixou alegria
Só porque foi, e voou
E hoje é já outro dia.[7]

Infelizmente, uma frase carregada de ódio tem muito mais força do que uma frase de amor. Uma pessoa mal-humorada muda, completamente, o ambiente em que está e até se incomoda com a alegria dos outros que estão por perto. Certa fez uma professora me perguntou, com bastante raiva no olhar e na maneira de falar, por que eu tanto ria. Sem perceber ela estava me observando e o riso a incomodou. Depois fiquei pensando que talvez se eu estivesse reclamando, falando mal do lugar onde estava talvez não tivesse nem sido notado porque é comum, é o que a maioria faz.

É difícil mudar o pensamento, mas é necessário reeducá-lo. A educação está presente na maneira de falar, no amor transmitido, mas também na maneira como pensamos e conduzimos nossa vida.

7 | Disponível em: < http:// pensador.uol.com.br/autor/Fernando_Pessoa/ > Acesso em 06/10/2010.

Generosidade: um ato de amor ao próximo

É um grande espectáculo ver um homem esforçado lutar contra a adversidade; mas há um ainda maior: ver outro homem correr em sua ajuda.

Oliver Goldsmith

NÃO PODERIA DEIXAR DE ABORDAR O TEMA GENEROSIDADE. NESSE CONVITE, ESSE ATO DE AMOR NÃO PODERIA FICAR DE FORA. Tenho observado que algumas pessoas, infelizmente, agem como se as outras não existissem. Incrível isso. É só observar a saída do metrô, por exemplo. Algumas pessoas aguardam na porta, antes mesmo das outras saírem, elas empurram e entram. Essa cena repete-se, diariamente, em cada parada do metrô.

Aprendi nas aulas de física que dois corpos não podem ocupar o mesmo lugar ao mesmo tempo. É impossível! Aprendi, ainda, que a educação é a ferramenta essencial no convívio humano. Esse exemplo é visto, às vezes, na saída do elevador. É necessário que as pessoas desçam para que as outras entrem. Muito simples, mas uma lógica também esquecida. A impressão que se tem é que algumas pessoas vivem, realmente, como se as outras não existissem. É como se o mundo delas fossem elas mesmas.

A Generosidade pode ser vista em atos mais simples. Não é necessário dispor, simplesmente, de um valor material para praticar a generosidade, ela pode estar presente em um simples sorriso, no tempo que dedicamos para ouvir o outro, na atenção que damos às pessoas que nos cercam, na prática da educação, etc. São atitudes simples que fazem a diferença. Muitas vezes a correria nos impede de praticar a generosidade, por isso ela deve estar em todos os lugares e momentos, deve fazer parte de nosso eu. Quando praticamos a generosidade estamos praticando o amor ao próximo.

Segundo René Descartes, (31 de março de 1596 - 11 de fevereiro de 1650) que foi um filósofo, físico e matemático francês:

> [...] a generosidade é apresentada como uma despertadora do real valor do eu e ao mesmo tempo como mediadora para que a vontade se disponha a aceitar o concurso do entendimento, acabando assim a causa do erro. Neste caso, passa a ser um conceito de mediação entre a vontade e o entendimento.[8]

Se a generosidade é uma despertadora do real valor do eu, em outras palavras, aqueles que possuem a sabedoria, a inteligência e, sobretudo, educação precisam propagar essas virtudes. Nosso comportamento não pode ser ditado pelo outro. Generosidade é o equilíbrio entre a vontade e o entendimento. É sabedoria. São aqueles que dizem "mas ele foi grosseiro, só respondi à altura" ou, ainda pior, "não levo desaforo para casa". São pessoas que agem como os outros permitem, agem como os outros determinam, não são, então donos de suas atitudes, não dominam a paciência.

Pode parecer que nossas atitudes sejam pequenas e insignificantes diante de tanta coisa ruim que acontece, mas imagine isso como um efeito dominó! Madre Tereza de Calcutá, (27 de Agosto 1910 - 05 de Setembro 1997)

8 | René, DESCARTES, *Regras para a Orientação do Espírito.*

uma missionária católica albanesa, nascida na República da Macedônia e naturalizada indiana, não só pregou, mas praticou o amor em toda sua vida. Beatificada pela Igreja Católica, seus textos são atuais e principalmente necessários, entre eles, a seguinte frase de que gosto muito: *Por vezes sentimos que aquilo que fazemos não é senão uma gota de água no mar. Mas o mar seria menor se lhe faltasse uma gota.*

É comum àquele que age, grosseiramente, receber a resposta também com grosseria. O presente só é nosso quando o recebemos, quando não o aceitamos o presente volta para a pessoa que ofereceu. Tenho falado muito acerca desse método.

Todas as pessoas possuem sua contribuição, possuem suas características, suas funções, seus detalhes e, quanto mais se convive, mais se descobre. Todos somos filhos de Deus e nascemos para evoluir e amar o próximo como se nós mesmos fôssemos ele. Sempre uso para exemplificar, em minhas palestras, o conto da **Rosa e o Sapo** que mostra essas situações de generosidade e amor ao próximo de forma especial:

Certa vez existia em um jardim uma rosa muito bonita, que se sentia envaidecida em saber que era a rosa mais linda naquele jardim. Ela era mesmo muito bonita. Suas pétalas, seu perfume, suas folhas, tudo se destacava...

A Rosa, então, começou a perceber que as pessoas só a observavam de longe, nunca se aproximavam. Crianças passavam e corriam, idosos, mesmo curiosos e admirados com sua beleza jamais haviam tocado a bela Rosa.

Curiosa, a Rosa acabou se dando conta de que, ao seu lado sempre havia um sapo grande, feio e asqueroso e esta era a razão das pessoas não se aproximarem.

Indignada com a descoberta, ordenou que o sapo saísse de perto dela imediatamente. O sapo, muito humildemente, foi embora, se afastou de vez.

O sapo era apaixonado pela Rosa e não conseguia viver longe, disfarçou, inventou alguma coisa e resolveu passar, depois de algum tempo, pertinho da rosa, só para vê-la. Quando se aproximou, ficou surpreso, perplexo com o que viu. A rosa estava murcha e sem pétalas, quase morrendo.

Penalizado, perguntou a ela o que havia acontecido. Ela, muito envergonhada, explicou que desde que o sapo fora embora, as formigas se aproximaram e a comeram dia após dia, por isso estava acabada, sem vida e sem sua beleza tão adorada pelos outros. O sapo explicou que, quando estava por perto, ele comia todas as formigas que se aproximavam, por isso ela conseguia ser a rosa mais bonita do Jardim...

O ser humano é social por natureza. Foi criado para viver com seu semelhante e a mágica da vida é, justamente, viver e conviver com essas diferenças. Acontece que dentro desse mundo pequenino onde alguns vivem eles são o centro, são a beleza suprema e a excelência propriamente dita.

O sapo, no conto, em sua atitude simples praticava a generosidade mesmo sem a rosa perceber. Muitas vezes, não valorizamos os outros, por acreditarmos que somos superiores, mais bonitos, de mais valor e acharmos que os outros não nos servem para nada, muito pelo contrário, a cada espaço, a cada olhar, a cada gesto existe uma forma de expressão, e nesse sentido, não podemos nos esquecer da linguagem mundial: educação. Deus não fez ninguém para 'sobrar' neste mundo. De repente, aquele que você pensa estar fazendo o mal, esteja salvando você das formigas.

Paciência: a ciência da paz

Deus de vez em quando me tira a poesia.
Olho para uma pedra e vejo uma pedra.

Adélia Prado

AQUELES QUE NOS INCOMODAM DE ALGUMA FORMA, SEJA NO TRABALHO, NA ESCOLA, NA FACULDADE, NO TRÂNSITO, NÃO PERCEBEM, MAS ESTÃO NOS DANDO A CHANCE DE PRATICARMOS A PACIÊNCIA.

Paciência é uma virtude que consiste em manter controle emocional equilibrado, sem perder a calma, ao longo do tempo. Consiste, basicamente, em tolerar erros ou fatos indesejados. É a capacidade de suportar incômodos e dificuldades de toda ordem, a qualquer hora ou em qualquer lugar. É a capacidade de persistir em uma atividade difícil, tendo ação tranquila e acreditar que irá conseguir o que se quer, de ser perseverante, de esperar o momento certo para certas atitudes, de aguardar em paz a compreensão que ainda não se tenha obtido, capacidade de ouvir alguém, com calma, com atenção, sem ter pressa, capacidade de se libertar da ansiedade.

A tolerância e a paciência são fontes de apoio seguro nos quais podemos confiar. Ser paciente é ser educado, ser humanizado e saber agir com calma e com tolerância. A paciência também é uma caridade quando praticada nos relacionamentos interpessoais. Relacionar-se é um arte. As grandes empresas procuram funcionários que saibam se relacionar. O trabalho, a parte técnica pode ser ensinado em uma semana, mas ser gentil, educado, amável, não!

Chico Xavier dizia: *não basta fugir ao mal. É preciso fazer o bem. Não adianta se movimentar em branco, vestir-se todo em branco e a existência na Terra passar igualmente em branco. As atitudes são verdadeiramente maiores.*

O cantor e compositor Lenine escreveu em parceria com Dudu Falcão uma música com esse tema: **paciência**. Um dos trechos diz exatamente a respeito da briga entre a correria, a pressa, a cobrança, enquanto a paciência pede passagem, a paciência precisa de passagem:

...Enquanto o tempo
Acelera e pede pressa
Eu me recuso faço hora
Vou na valsa
A vida é tão rara.

A vida é tão rara, um presente de Deus aos escolhidos. Àqueles que podem passar e evoluir, aprender, melhorar. Não é fácil praticar a paciência. Ensinar àqueles que já sabem ou aprendem com facilidade é fácil. Ensinar àqueles que têm dificuldade é mais difícil.

Ser educado, gentil com aqueles que também o são é fácil. O difícil é praticar a gentileza com aqueles que são grosseiros, mal-educados. Não prego aqui ser tolo, muito pelo contrário, é ser educado e mostrar que podemos, sim, construir relações estruturadas na educação, no amor. Jesus dizia: *Com toda a humildade e mansidão, com longanimidade, suportando-vos uns aos outros em amor.* (Efésios: 4,2).

Treinar a paciência com amigos que fazem coisas com as quais nós não concordamos, e que falam o que não suportamos não é tarefa fácil, mas mesmo assim treinamos a paciência, pois falo de amigos, ou seja, uma tarefa não tão difícil. Imagine ter paciência com alguém que não goste? Que o incomoda?

> Por um lado, ter um inimigo é muito ruim. Perturba nossa paz mental e destrói algumas de nossas coisas boas. Mas, se vemos de outro ângulo, somente um inimigo nos dá a oportunidade de exercer a paciência. Ninguém mais do que ele nos concede a oportunidade para a tolerância. Já que não conhecemos a maioria dos cinco bilhões de seres humanos nesta terra, a maioria das pessoas também não nos dá oportunidade de mostrar tolerância ou paciência. Somente essas pessoas que nós conhecemos e que nos criam problemas é que realmente nos dão uma boa chance de praticar a tolerância e a paciência. (Dalai Lama)[9]

Está difícil praticar a paciência? Então, ao invés de responder grosseiramente, não responda. Apenas sorria. O sorriso é doce, não o sorriso irônico, mas o sorriso da paz. O sorriso enfeita qualquer rosto e alegra qualquer alma.

9 | Disponível em: < http://pensador.uol.com.br/autor/Dalai_Lama/ > Acesso em 11/06/2010.

Sobre o amar e o ouvir

Deixe sempre um ar de alegria por onde passa.

Chico Xavier

É DE EXTREMA IMPORTÂNCIA O ATO DE SABER OUVIR. OUVIR É UMA ARTE! AS PESSOAS CORREM TANTO, QUE ACHAM QUE OUVIR É UMA PERDA DE TEMPO. Apenas escutam: escutam sons, barulhos, vozes, mas não prestam atenção, realmente, ao que está sendo dito, não ouvem.

O ouvir é um processo intelectual e requer atenção antes de tudo. Por exemplo: não há coisa pior para um professor do que falar frente a uma sala de aula e não ser ouvido. A sensação é de desprezo: o que está sendo dito parece não ser importante, a pessoa que está falando parece não ser importante, ou seja, qualquer outro assunto é melhor do que aquele. Dar às costas quando o professor fala (ou o professor quando o aluno fala) são erros frequentemente cometidos. O nosso corpo fala e quando damos às costas isso significa: não me importo com você, excluo você do meu convívio, você não é importante. Mas, não são somente os professores os privilegiados com situações como esta. Enfim, são inúmeras as interpretações diante dos vários contextos, mas uma coisa é certa: essa atitude é, extremamente, grosseira e em nada educada.

Quem ouve não fala, esse é o primeiro dos mandamentos do saber ouvir. A impressão é que as pessoas desaprenderam essa arte. Como diz Rubem Alves: *Já vi muito curso de oratória, mas nenhum de escutatória.*

Quando ainda bebê, o ser humano ouve e aprende muita coisa apenas com esse sentido tão importante.

Depois que aprende a falar parece que desaprende a ouvir. Quando nos dedicamos à arte de saber ouvir, descobrimos o quanto podemos aprender apenas ouvindo. Muitos problemas são criados e não são solucionados porque não sabemos ouvir. A mensagem quando transmitida só chega, claramente, ao receptor se ele estiver predisposto a recebê-la por inteiro. Ouvir requer atenção, disposição, atitude, empenho...

Ouvir é um ato de amor ao próximo, pois exige paciência, ou seja, é caridade: quantas vezes alguém precisa apenas ser ouvido para se sentir melhor, para desabafar. Sempre relacionamos ajudar alguém com dispor de algum bem material, mas isso não é verdade: às vezes um sorriso, uma palavra, um abraço, um gesto carinhoso podem salvar uma vida! Amamos as pessoas que falam bonito, mas amamos muito mais as que escutam bonito...

Algumas situações chegam ao grotesco quando duas pessoas disputam o falar e o ouvir: não há diálogo, mas sim dois monólogos simultâneos que não são nem transmitidos, nem tampouco recebidos. Na verdade, nem um nem outro desempenham corretamente seus papéis, pois interrompem a todo o momento quem está falando, sem contar as inúmeras vezes que aumentam a voz para garantir a sua vez de falar. Isso é complicado. Falamos cerca de 125 palavras por minuto, mas pensamos quatro vezes mais depressa.

Em qualquer situação ouvir se transforma no primeiro passo para uma comunicação de sucesso, além de ser um dos atos de educação mais admirados. Grandes problemas são evitados quando se tem atenção à mensagem do emissor, aquele que transmite a mensagem, porque se está atento ao que ele diz. Não adianta escutar, é preciso ouvir.

Algumas dicas podem ajudar:

1. Olhe nos olhos da outra pessoa. Esse é o primeiro passo de uma boa comunicação;

2. Esteja envolvido com seu emissor, foque sua atenção no que ele diz e não no que ele tem: roupas, sotaques, tatuagem, cicatrizes;

3. Mantenha a calma e não se deixe dominar por algum preconceito ou por alguma ideia contrária à sua;

4. Não interrompa enquanto o outro estiver falando. Não existe nada mais desagradável do que ser interrompido durante uma explanação, as ideias são cortadas, picotadas e sem conclusão;

5. Deixe que o outro conte uma história mesmo que seja pela milésima vez. Mesmo que você saiba o final permita a alegria do contar ao outro;

6. Tenha paciência. Durante uma conversa saiba aceitar o silêncio da outra pessoa;

7. Para uma boa conversa tente, antes de qualquer discordância, achar algum ponto com o qual você concorde e assim evite um desentendimento inicial. Boas conversas fluem quando o respeito é frequente;

8. Não permita que as ideias sejam levadas para o lado pessoal;

9. Respeite as opiniões que sejam divergentes das suas;

10. Procure expor suas ideias com calma, sem imposição e arrogância;

11. Não abuse da boa educação. Evite ser muito prolixo, seja objetivo. Não canse a outra pessoa falando e repetindo muitas vezes a mesma coisa;

12. Ao ouvir algo que possa ferir alguém, que possa ir contra a moral de algum colega, seja como uma estação terminal: não distribua para mais ninguém o que ouviu;

13. Cada pessoa que inicia uma fala tem por objetivo ser ouvida, mais ainda, ela quer atenção, carinho, ser olhada;

14. Ouvir é um ato de amor. Muitos estão esperando apenas alguém para ouvi-los. Ajudar não requer grandes valores monetários, ouvir desprende-se apenas de alguns minutos;

15. Ouça mais e teste seu poder de aceitação com as outras pessoas. Viva e conviva com as diferenças. Pessoas possuem defeitos, limites e preconceitos, mas também são repletas de sabedoria, de qualidades, de sonhos e, sobretudo, de sentimentos;

16. Desprenda um tempo para ouvir o que mais te dá prazer: uma boa música, por exemplo, ajuda muito. O prazer começa no ouvido;

17. Por fim, aprenda a ouvir sua alma, seu coração. Não existe nada mais bonito do que um tempo para se ouvir. Praticar isso é estar mais perto de Deus.

Uma vez estava sozinho em um restaurante e fiquei observando uma família que almoçava na mesa ao lado. Parecia uma família comum: a mãe, o pai e dois jovens, uma menina e um menino. O pai se sentou e pediu que o garçom trouxesse o prato do dia. O que mais me espantou é que isso foi a única coisa a respeito da qual eles falaram naquela mesa. Observei bem, pois não acreditava no que estava vendo: eles não se falavam. O menino usava um fone no ouvido e da minha mesa até conseguia ouvir alguma coisa, tamanho o volume de seu fone. A menina jogava uma espécie de minigame, atenta à tela, parecia nem perceber onde estava. A mãe, com um olhar triste, permanecia de cabeça baixa e apenas comia e bebia sem falar nada. Mas, como uma família perde uma oportunidade dessas, de estarem todos juntos, unidos em um almoço sem sequer trocar algumas palavras? Pensava sem mesmo acreditar no que via. E assim foi durante todo o almoço. Até que terminaram, levantaram-se e foram embora. Perderam um tempo precioso.

Como é triste querer conversar com alguém que já não está mais por perto.

É triste saber o quanto isso acontece. A falta de diálogo entre as famílias abre espaço para outros preenchimentos. É comum em uma casa enquanto um está no sofá vendo TV, o outro no computador, fechado no quarto, o outro na cozinha, e, é até engraçado porque fazem uma espécie de rodízio: trocam os lugares, os espaços e mal se conversam. Os pais não sabem acerca dos filhos e os filhos, por sua vez, se sentem aliviados pelos pais não questionarem nada. Quando existe o diálogo sadio entre as famílias as conversas surgem espontaneamente, sem que o pai exija que o filho fale alguma coisa, sem exigir que a filha conte a respeito de suas amizades, de seus medos. O relacionamento sadio proporciona isso. As conversas surgem naturalmente. Nada trava mais um jovem ou uma criança quando o pai diz: "precisamos conversar". Naquele momento não existe mais diálogo. Existe um bloqueio apenas.

Se a correria do dia a dia não permite que as pessoas mantenham um momento longo de diálogo, permita, então, que momentos curtos aconteçam: na ida à escola, no tempo que se gasta no trânsito, na fila do supermercado. Criar um ambiente para uma conversa é permitir que o outro também fale.

Pessoas reclamam da falta de tempo para dialogar, mas passam o dia reclamando de tudo: do calor, do frio, dos colegas, dos filhos, do marido ou da esposa, dos pais, do namorado que não telefona, da namorada desatenta, das taxas do banco... Tudo vira motivo para reclamação.

Quando reclamamos emanamos um tipo de energia. Reparem naqueles que sempre reclamam, estão constantemente amargurados, infelizes, tristes, deprimidos. Quem age assim está condenado à solidão, porque ninguém gosta de quem só reclama. O contrário disso também é interessante observar, pois quem está sempre alegre, quem tem uma palavra amiga, quem ouve o outro mesmo quando está só reclamando, tem, normalmente, à sua volta pessoas que gostam de sua companhia, simplesmente porque essas pessoas emanam para perto de si uma energia boa, uma energia do bem, do alto astral e da alegria. A energia de um sorriso é contagiante. Apaixona não somente pela beleza, mas pelo poder que um sorriso tem.

O que não podemos esquecer é que somos humanos, e humanos erram, tomam atitudes nem sempre corretas. Devemos nos permitir também errar. O errar nos engrandece quando conseguimos nos redimir de nossos erros fazendo deles um aprendizado. Isso faz parte de nosso processo evolutivo, **porque para Deus não importa quantas vezes a gente caia, mas quantas vezes queremos nos levantar!**

Vem ser meu amigo

Sede como os pássaros que, ao pousarem um instante sobre ramos muito leves, sentem-nos ceder, mas cantam! Eles sabem que possuem asas.

Victor Hugo

COSTUMO DIZER QUE AMIGO DE VERDADE É AQUELE QUE VIBRA COM SEU SUCESSO. Tirar a pessoa do fundo do poço é fácil porque você está em uma posição já superior. Amigo verdadeiro é aquele que ao ver seu sucesso vibra, torce, ajuda, soma. Esses estão cada vez mais difíceis de ser encontrados. Sou uma pessoa privilegiada, pois tive e tenho na minha vida centenas de amigos. Amigos de várias idades, profissões e classes sociais. Alguns não vejo sempre, mas os sinto por perto quando recebo uma ligação, um e-mail, uma simples mensagem pelo celular ou internet. A esses amigos que se multiplicam dedico esse poema de Machado de Assis:

Bons amigos

Abençoados os que possuem amigos, os que os têm sem pedir.
Porque amigo não se pede, não se compra, nem se vende.
Amigo a gente sente!
Benditos os que sofrem por amigos, os que falam com o olhar.
Porque amigo não se cala, não questiona, nem se rende.
Amigo a gente entende!
Benditos os que guardam amigos, os que entregam o ombro pra chorar.
Porque amigo sofre e chora.
Amigo não tem hora pra consolar!
Benditos sejam os amigos que acreditam na tua verdade ou te apontam a realidade.

Porque amigo é a direção.
Amigo é a base quando falta o chão!
Benditos sejam todos os amigos de raízes, verdadeiros.
Porque amigos são herdeiros da real sagacidade.
Ter amigos é a melhor cumplicidade! [10]

Hoje, são várias as ferramentas de contato, por isso conseguimos manter tantas amizades e durante tanto tempo. Mas, quero falar das amizades mais profundas. Aquelas amizades a que me refiro que não precisam de nenhum mecanismo de comunicação e mesmo assim você sabe de todo o sentimento que as envolve, porque amizade é uma das melhores e mais bonitas formas de amar.

Na bíblia, podemos encontrar: *O amor é sofredor, é benigno; o amor não é invejoso; o amor não se vangloria, não se ensoberbece, não se porta inconvenientemente, não busca os seus próprios interesses, não se irrita, não suspeita mal; não se regozija com a injustiça, mas se regozija com a verdade; tudo sofre, tudo crê, tudo espera, tudo suporta.* 1 Coríntios: 13,4-7.

Amizade é o amor natural.

Na amizade estão presentes os amigos e inimigos, que são opostos. São amores corrompidos, pois o ódio é um amor que adoeceu. Alguns quando não conseguem amar passam a odiar até sem razões. Jesus também fa-

10 | Disponível em: < http://pensador.uol.com.br/Charles _Chaplin/ >
Acesso em: 10/06/2010.

lava acerca disso. Falava em amar nossos amigos, mas também àqueles que acreditamos ser nossos inimigos. Em Mateus: 5,43-44: *Amai aos vossos inimigos, e orai pelos que vos perseguem.* Aqui estão presentes o amor, o respeito e a amizade.

Já o filósofo e teólogo Albert Schweitzer, nascido em 1875, acreditava que o amor nasce assim como uma onda, que não pode existir por ela mesma e tem sempre de participar da ondulação do mar, ou seja, jamais podemos experimentar a vida por nós mesmos: temos sempre de partilhar a experiência da vida com quem está à nossa volta. Nenhum muro é, suficientemente, alto para nos separar da vida lá fora, do convívio com o outro. Por mais alto que sejam os muros, eles não são o bastante para nos separar da solidão ou do desespero. Mesmo que não precisemos dos outros, eles precisam de nós. Não podemos esquecer disso.

A amizade não pode ser alimentada de cobranças. A amizade é o momento de prazer, nasce por acaso, dos momentos mais inesperados. Às vezes tentamos lembrar de onde conhecemos um amigo que tanto gostamos, e já nem lembramos como tudo começou. A maioria das amizades começa no trabalho. Alguns confundem, pois no trabalho temos dezenas de colegas, mas pouquíssimos amigos. No Brasil, existe essa cultura. Tem gente que se diz ser amigo, mas sequer tem seu telefone ou sabe o nome de sua mãe. Amigo é algo maior, pois é um presente. A música **A Lista** de Oswaldo Montenegro nos permite uma reflexão:

Faça uma lista de grandes amigos
Quem você mais via há dez anos atrás
Quantos você ainda vê todo dia
Quantos você já não encontra mais...

É exatamente assim. A vida acontece como uma peça teatral: mudamos os cenários, as personagens, o figurino e várias vezes o enredo. O que nunca muda é o personagem principal: você. Tente lembrar, há 10 anos quem eram seus melhores amigos? Há 20? Tudo mudou. Muitos permanecem ao nosso lado, outros seguem suas vidas naturalmente, eles precisam também continuar a compor suas peças teatrais. Oscar Wilde tem uma frase que adoro: *Mantenha a amizade e o amor no coração. A vida sem eles é como um jardim sem sol, com flores mortas.*

Tudo são maneiras de ver

Onde você vê um obstáculo,

alguém vê o término da viagem
e o outro vê uma chance de crescer.

Onde você vê um motivo pra se irritar,
Alguém vê a tragédia total
E o outro vê uma prova para sua paciência.

Onde você vê a morte,
Alguém vê o fim
E o outro vê o começo de uma nova etapa...

Onde você vê a fortuna,
Alguém vê a riqueza material
E o outro pode encontrar por trás de
tudo, a dor e a miséria total.

Onde você vê a teimosia,
Alguém vê a ignorância,
Um outro compreende as limitações do companheiro,
percebendo que cada qual cami-
nha em seu próprio passo.

E que é inútil querer apressar o passo do outro,
a não ser que ele deseje isso.
Cada qual vê o que quer, pode ou consegue enxergar.
Porque eu sou do tamanho do que vejo.
E não do tamanho da minha altura.

Fernando Pessoa

USEI NA ABERTURA DESSE CAPÍTULO UM POEMA DE FERNANDO PESSOA, A QUEM TENHO PROFUNDA ADMIRAÇÃO PELA CAPACIDADE DE SER SENSÍVEL E APAIXONANTE, DE SER DOCE E AO MESMO TEMPO REFLEXIVO. O poema chama-se **Tudo são maneiras de ver.** E não é, justamente, assim que agimos ou deveríamos agir? Temos a capacidade de sonhar, mas temos a capacidade de ver além, de ver o mundo como queremos e acreditamos. De tudo que a gente reclama, Deus tira. Esse é o maior segredo que muita gente não se dá conta. Passamos meses, anos e até uma vida inteira reclamando e quando perdemos, ainda continuamos a reclamar porque aquilo se foi...

Não devemos gastar nosso tempo cuidando das palavras do mundo, devemos cuidar das palavras que saem da gente, da maneira como a conduzimos, da forma como vemos e sentimos.

Neste capítulo, também recorri à adaptação de uma fábula, de autor desconhecido, para ilustrar o quanto praticamos olhares carregados de preconceito e diferença às pessoas, o quanto educamos nosso olhar para ver apenas defeitos, desculpas e reclamações. E o quanto nós precisamos aprender a ver novos ângulos, desprender-nos de velhas ideias e conceitos e conseguir ver essência, ver alma. Tomo a liberdade de reescrevê-la:

Um dia Deus desceu a Terra, convocou todos os animais, inclusive o homem, e lhes disse:

__ Quero que vivam em harmonia e felicidade. Desta forma, se alguém tiver alguma queixa a fazer, que fale sem medo, que em seguida a solucionarei.

O silêncio foi total. Ninguém se manifestou e nem questionou nada.

Deus, então se dirigiu até o macaco:

__ E você, está contente?

__ Claro! Tenho quatro patas que são uma maravilha e tenho uma aparência que muitos invejam. Não tenho motivo para ter inveja de ninguém... Comparado ao urso, tão feio, peludo e gordo. Ele sim terá do que reclamar.

Os outros animais pensavam como o macaco e esperaram ouvir as reclamações do urso. Todos se surpreenderam quando ele, em tom orgulhoso começou a falar:

__ Imagina, eu me vejo forte, bem proporcionado e com ar de nobreza. Comparado ao elefante, coitado, esse sim é um monstro, uma massa de carne e gordura que parece despencar, sem falar nessa tromba horrorosa pendurada na cara. Eu não tenho nada a reclamar.

Mais que de pressa o elefante tomou a palavra e disse:

__ Pois eu não me queixo absolutamente de nada, sinto-me forte e firme como um rei poderoso. Muito pior é a baleia que parece uma massa disforme.

A baleia não reclamou, achava-se linda e muito melhor que a girafa com aquele pescoço desajeitado. Em contrapartida a girafa se acha esbelta, magrinha e elegante e se sentia o máximo em comparação com a formiga. A formiga via-se uma rainha em comparação ao mosquito.

__ Sou muito esperto e ágil. Defendia-se o mosquito muito bem...

E assim foi com todos os animais e chegou a vez do homem. Este se entreteve o tempo todo contando suas qualidades e dotes e, rindo muito, terminou colocando defeito em todas as outras criaturas que habitam a Terra.

Deus, observando tudo aquilo com muita serenidade e atenção, dirigiu-se novamente a todos e disse:

__ Eu vejo que cada um de vocês carrega um alforje: na bolsa de trás colocam seus defeitos e, na da frente, os defeitos dos outros.

O alforje é um tipo de bolsa dividida em duas partes, assim, a pessoa carrega dividindo o peso, metade para frente e a outra metade para trás. Esse alforje dos defeitos carrega um peso ainda maior, principalmente quando carregamos e disseminamos nos meios em que estamos engajados.

Podemos parar e reclamar de todas as situações que nos acometem todos os dias: o trânsito, a fila, o calor, o frio, o elevador quebrado, os trabalhos para entregar, criar, etc., etc., etc. São inúmeras as dificuldades e barreiras que todos os dias somos obrigados a vencer. Todas essas barreiras surgem, exatamente, para serem superadas, favorecendo, assim, a evolução do ser humano. Passamos por aqui para evoluir, caso contrário nada teria sentido. A correria e a automaticidade das pessoas parece deixá-las distantes de sua própria essência e afiadas em disparar contra todos os defeitos dos demais.

Jesus dizia: *Não julgueis, para que não sejais julgados. Porque com o juízo com que julgais, sereis julgados; e com a medida com que medis vos medirão a vós.* Mateus: 7,1-2.

A vida é constituída de construções e desconstruções o tempo todo. Aí estão presentes as incertezas. Não se vive de certezas, mas de incertezas. Buscar um padrão, viver desse padrão e não se permitir mudar é estar condenado a não evoluir. As dificuldades são necessárias, sem elas não seríamos empurrados a evoluir. A mudar e a criar.

Dizia Cecília Meireles: *Aprendi com a primavera a me deixar cortar e a voltar sempre inteira.*

Viver de certezas é impossível quando a vida é feita de momentos. Cito outro poeta, Geraldo Vandré, que diz: *Vem vamos embora que esperar não é saber. Quem sabe faz a hora não espera acontecer.*

Nunca foi tão necessário criar, sonhar, acreditar e, principalmente, conviver com os nossos e os defeitos dos outros. Somos todos filhos de Deus, criados à sua imagem e semelhança. Dessa forma, o respeito e a igualdade devem ser de todos e para todos. E você, está carregando algum alforge? Liberte-se dele.

Vem ser Feliz!

Se tiver que amar, ame hoje. Se tiver que sorrir, sorria hoje. Se tiver que chorar, chore hoje. Pois o importante é viver hoje. O ontem já foi e o amanhã talvez não venha.

Chico Xavier

NÃO ESTAMOS AQUI POR UM SIMPLES ACASO. COMO EU SEMPRE DIGO, ESSA VIDA É UM MOMENTO DE EVOLUÇÃO, ESTAMOS APENAS DE PASSAGEM. Somos um espírito ocupando um corpo e não um corpo ocupando um espírito. Há um propósito maior nessa existência humana. O que mais me entristece é perceber que a maioria de nós não tem consciência disso. Pense por um instante e responda: **O que realmente te faz feliz?**

A felicidade está em cada ser. Achar que será feliz apenas quando conseguir um carro novo, uma casa nova, uma roupa melhor, um casamento, um namorado ou uma namorada é estar condenado a uma vida de tristezas.

As pessoas refletem sempre a felicidade no futuro, esquecem de viver o hoje. Conheço pessoas que passaram uma vida sonhando com uma casa na praia e quando compraram não puderam aproveitá-la porque a falta de tempo os impediu, sequer, de vivenciar a casa, de vivenciar o sonho.

Cada um de nós precisa, necessariamente, ter um objetivo. O objetivo é o que faz você se levantar todo dia da cama repleto de vontade para dar mais um passo em direção à sua realização, rumo à sua contribuição ao mundo. Parece ser algo impossível, mas quando começamos a pensar que sem esse objetivo, sem essa meta tudo fica sem sentido, perde-se o rumo, as coisas começam a "engrenar".

Uma das maiores causas da depressão atualmente, além de outros problemas, é claro, está exatamente no momento em quem a pessoa perde o entusiasmo no viver, simplesmente porque perde a vontade de realizar, deixa perder seus objetivos. Também faz parte não conseguir alcançar alguns dos seus objetivos durante esse processo, mas a busca é essencial. Quanto mais clareza você tiver em seus objetivos, mais você sentirá a sensação de missão cumprida, mais sentirá o amor vivenciando em você.

Levar uma vida sem objetivos é viver sem liberdade para crescer. Mais que isso, não é viver, porque nascemos para realizar. Quando faço uma palestra para um grupo de pessoas maduras sempre lhes digo o quanto seus objetivos ainda precisam ser alcançados. Alguns me respondem que já concretizaram todos e que não há mais tempo para realizar, então, eu aproveito sempre esse momento para contar uma fábula que conheço e que representa, exatamente, a maneira através da qual precisamos pensar:

Uma garotinha estava andando entre algumas flores num grande jardim e, de repente, viu uma borboleta espetada em um espinho. Sentiu pena e com muito cuidado, soltou e a borboleta.

A borboleta voou por alguns instantes e voltou transformada numa linda fada. Olhou com muita gradidão à menina e disse: 'Vou conceder-lhe seu maior desejo. Pense bem, pois será apenas um'.

A garotinha pensou por um momento e respondeu: 'Quero ser feliz'.

A fada inclinou-se até ela, sussurrou algo em seu ouvido e desapareceu subitamente. A garota crescia e ninguém na terra era mais feliz do que ela. Sempre que alguém lhe perguntava sobre o segredo de sua felicidade, ela somente sorria e dizia:

- Eu escutei uma fada boa. A fada me contou o segredo.

Quando ela ficou velha, os vizinhos temeram que o seu segredo fabuloso pudesse morrer com ela. Todos se desesperaram e reuniram-se para tentar descobrir tal segredo.

-Diga-nos, por favor - eles imploravam - diga-nos o que a fada disse.

Agora, a amável velhinha simplesmente sorriu e disse:

- Ela me disse que todas as pessoas, por mais seguras que pudessem parecer, precisavam de mim! [11]

Todos nós precisamos uns dos outros. Espanta-me, às vezes, ouvir de pessoas com 40, 50, 60 anos que os objetivos e os sonhos se esgotaram. A vida é vida enquanto estamos prontos para ajudar. Alguns acreditam que já criaram os filhos, construíram uma casa e agora basta apenas esperar. Mas esperam o quê? Colocam um ponto final antes mesmo do final da frase. Ainda existe muito texto para ser criado. A história é longa. Continue a escrevê-la. Você não precisa esperar uma "fada" aparecer para te dizer isso. Todos precisam de você. Um

11 | Leo, BUSCAGLIA, *Amando uns aos outros.*

trabalho assistencial, um curso, uma aula, uma viagem são alguns exemplos de atividades que fazem a pessoa sentir-se viva, útil, necessária. Você precisa de você!

Os problemas virão e junto com eles as dificuldades, mas dizia Sêneca: *Não existe vento favorável para o marinheiro que não sabe aonde ir.*

Nunca uma frase permaneceu tão atual. Ainda existe muito que fazer. Mexer-se é sentir-se vivo. Se me espanta ver pessoas que desistem com essa idade, o que falar de jovens que já desistem de estudar ou de procurar um emprego melhor? Estacionam, simplesmente. Os objetivos estão aí. Precisamos encontrá-los para correr atrás, fazer, criar, melhorar.

Você já encontrou o seu objetivo? Sonhar mais um sonho impossível. O sonho faz o SER permanecer vivo. É o combustível que move as pessoas. Quando deixamos de sonhar, deixamos de viver. Como diz Adélia Prado: *O sonho encheu a noite. Extravasou pro meu dia. Encheu minha vida. E é dele que eu vou viver. Porque sonho não morre.*

Portanto, vem ser feliz. As pessoas precisam de você!

Vem ser você!

A morte não é o fim de tudo. Ela não é senão o fim de uma coisa

e o começo de outra. Na morte o homem acaba, e a alma começa.

Victor Hugo

ALGUMAS PESSOAS PERMANECEM ESTRANHAS A SI MESMAS. SIMPLESMENTE ESCONDEM O QUE SÃO E ESPERAM QUE OS OUTROS ESTRANHOS TAMBÉM ESCONDAM O QUE SÃO. Na música **Sonhos de um Palhaço**, de Antonio Marcos a farsa de um palhaço é natural diante da representação que alguns vivem.

Ah, o mundo sempre foi
Um circo sem igual
Onde todos representam
Bem ou mal
Onde a farsa de um palhaço
É natural...

Encontro muito aqueles que mentem compulsivamente. O interessante é que o mentiroso compulsivo acredita na própria mentira, vive na ilusão, condenado a viver em um mundo fantasioso. Quando está entre muitas pessoas o circo está montado, e como diz a canção, "a farsa é natural", mas quando está sozinho, em casa e consigo mesmo não há para quem representar, a farsa termina e as cortinas se fecham. A maior tristeza é não poder mentir para si. Se fosse, seria a descoberta para a cura de muitas doenças psicológicas. Podemos, sim, mudar o pensamento, educá-lo para o bem, mentalizar e emanar energias positivas.

Mentiras apenas enganam, machucam e entristecem a alma.

O atual Dalai Lama que é Tenzin Gyatso, o 14º Dalai Lama e é ao mesmo tempo líder temporal e espiritual do povo tibetano, diz exatamente o quanto somos provisórios: *Uma árvore em flor fica despida no outono. A beleza transforma-se em feiúra, a juventude em velhice e o erro em virtude. Nada fica sempre igual e nada existe realmente. Portanto, as aparências e o vazio existem simultaneamente.*

O momento que antecede o sono, quando a pessoa está sozinha com seus pensamentos pode ser um dos momentos mais cruéis, e alguns instantes podem se tornar noites em branco, e a fuga para esses problemas é visível na sociedade: alcoolismo, drogas, violência, solidão, depressão, suicídio... O suicídio, por exemplo, é um mister de sentimentos. É ao mesmo tempo a coragem para se matar e a covardia de fugir desta vida. É a fuga maior. A tentativa de acabar com os problemas. Analisando bem, a pessoa não quer terminar com a vida, ela quer terminar com a dor, com o sofrimento.

O amor vence qualquer barreira. O amor vence o álcool, o amor vence a droga, o amor vence a tristeza, a mágoa e a solidão. A vida nos permite experimentar muitos momentos de alegria e alguns momentos de dor, esses fazem parte, estão presentes nas preocupações, nas noites sem sono, nas dívidas, nos amores não correspondidos, na doença, mas como menciona a mensagem abaixo, existe um tempo para tudo. Nada é para sempre, nem mesmo os momentos de dor:

Há um tempo de nascer e tempo de morrer;
Tempo de derrubar e tempo de construir.

Há tempo de ficar triste e tempo de se alegrar;
Tempo de chorar e tempo de dançar;
Tempo de espalhar pedras e tempo de ajuntá-las;
Tempo de abraçar e tempo de afastar.

Há tempo de procurar e tempo de perder;
Tempo de economizar e tempo de desperdiçar;
Tempo de rasgar e tempo de remendar;
Tempo de ficar calado e tempo de falar.

Há tempo de amar e tempo de odiar;
Tempo de guerra e tempo de paz.

Eclesiastes: 3,1-8

Tudo neste mundo tem seu tempo, cada coisa tem sua ocasião. Não se pode esperar apenas por uma coisa: ser o que se é. Não há nada mais bonito que ser verdadeiro. Não me refiro à verdade alheia, mas ouvir o coração, estar perto da própria essência e conseguir ver dentro de si o amor de Deus.

Vem ser você sem medos ou desilusões. Sem receios. Buscar semelhantes que sejam, realmente, semelhantes a nós é uma busca impossível. Todos nós somos diferentes, pensamos e agimos de maneira, às vezes, contrária ao que alguns esperam.

Não se pode se sustentar em máscaras. A ilusão de que o outro é melhor, mais feliz, tem mais coisas, mais amigos, um emprego melhor desperta ainda em muita gente o sentimento vazio e negativo chamado inveja. Cada um tem a capacidade, a inteligência e pode prosseguir, conquistar também. Várias vezes essa inveja não passa de ilusão, em alguns casos vemos alguém aparentemente feliz, com muitos bens, mas não sabemos os gritos que essa pessoa carrega dentro de si, as dores, as solidões. Florbela Espanca em seu poema **Desejos vãos** nos permite uma reflexão:

Eu queria ser o Mar de altivo porte
Que ri e canta a vastidão imensa!
Eu queria ser a Pedra que não pensa,
A pedra do caminho, rude e forte!

Eu queria ser o Sol, a luz intensa,
O bem do que é humilde e não tem sorte!
Eu queria ser a árvore tosca e densa
Que ri do mundo vão e até da morte!

Mas o Mar também chora de tristeza...
As árvores também, como quem reza,
Abrem, aos Céus, os braços, como um crente!

E o Sol altivo e forte, ao fim de um dia,
Tem lágrimas de sangue na agonia!
E as Pedras... essas... pisa-as toda a gente!...[12]

12 | Disponível em: < http://pensador.uol.com.br/Charles _Chaplin/ > Acesso em: 10/06/2010.

Muita gente cria fantasias e máscaras para viver. A farsa pode ter repercussões gigantescas e quando o ser se dá conta, simplesmente, está atrelado a vários outros problemas oriundos da sustentação de uma máscara. Quando na verdade a simplicidade, a verdade e a coragem de SER o que é torna os seres mais leves e encorajados para encarar as adversidades da vida. Reconhecer-se faz parte do processo evolutivo, está embutido na caminhada e no trajeto de um espírito feliz.

Hoje, mais do que nunca, vivemos em uma sociedade cada vez mais diferente, com tribos, modas, costumes, jeitos, trejeitos, comunidades, guetos, grupos... Nunca o comportamento humano foi tão heterogêneo. Nunca se discutiu tanto e abertamente certos assuntos. O importante é não colocar apenas em discussão, mas também em prática. Discursos muitas vezes passam despercebidos, mas atitudes jamais são esquecidas.

A mágica da vida é, justamente, aprender a conviver com a diferença e, principalmente, aceitá-la. Deus te fez para ser feliz, ou Ele se daria ao trabalho de fazer alguém apenas para ser perdedor, infeliz? Claro que não!

Muitos conhecem a história dos animais e o sofrimento que passaram durante a era glacial e a luta que travaram para sobreviver. Alguns não conseguiram se adaptar às mudanças climáticas e acabaram extintos da face da Terra, porque morriam de frio.

Gosto muito da história dos porcos-espinhos, que percebendo a situação que eram obrigados a enfrentar resolveram juntar-se em grupos, assim, se agasalhavam e se protegiam mutuamente. Mas é claro, a ideia não deu certo, pois os espinhos de cada um feriam os companheiros mais próximos, justamente os que forneciam calor. E, por isso, tornaram a se afastar uns dos outros. Com isso acabavam morrendo congelados, e, então, precisaram fazer uma escolha: ou desapareceriam da face da Terra ou aceitavam os espinhos de seus semelhantes.

Com sabedoria decidiram voltar e ficar juntos. Aprenderam, assim, a conviver com as pequenas feridas que uma relação muito próxima podia causar, já que o mais importante era o calor do outro. E assim sobreviveram.

Viver uma farsa, uma fantasia, viver em uma bolha é dar margem para que o preconceito e a falta de entendimento percorram a sociedade, alimentando-se da tristeza e da mágoa que disseminam por onde passam. O amor existe no respeito às diferenças, pois o melhor relacionamento não é aquele que une pessoas perfeitas, mas aquele em que cada um aprende a conviver com os defeitos dos outros e consegue admirar suas qualidades... Seja você, não importa em que tempo esteja! Se estiver em dúvidas, use o respeito e o bom-senso como ferramentas, ajudam muito.

Quem espera não alcança!

Mude. Isto tem o poder de enobrecer, curar, estimular, surpreender, abrir novas portas, trazer experiência nova e criar excitação na vida. Certamente vale o risco.

Leo Buscaglia

SEMPRE FALO EM MINHAS PALESTRAS ACERCA DA VISÃO DE MUNDO, EXPLICO O QUANTO ELA É ÚNICA, A COMPARO COM A IMPRESSÃO DIGITAL E A ÍRIS DOS OLHOS. Por exemplo, dois irmãos gêmeos nascem na mesma hora, são criados pelos mesmos pais, estudam nas mesmas escolas e até usam as mesmas roupas e, comprovadamente, possuem visões de mundo diferentes.

Deus, em sua infinita sabedoria, deveria saber o quanto isso seria significativo para nós. Vivemos, muitas vezes, ancorados em paradigmas, ou seja, modelos de conduta, e seguimos alguns modelos até sem saber por quê.

Quero abordar esses dois assuntos: visão de mundo e paradigmas para observar, por esse ângulo, pessoas que reclamam da vida. É fácil, comum em qualquer lugar. São pessoas que reclamam de tudo: do tempo, se está quente ou se esfriou de repente. Se começou a chover, se parou. Aqueles que abrem o guarda-roupa e sempre usam a frase "eu não tenho roupa". Talvez se doassem parte delas, teriam espaço para novas... Pessoas que reclamam do trabalho, mas que sequer fazem um curso para se aperfeiçoar. Passam uma carreira reclamando e xingando o chefe, odiando e emanando frases até pesadas e não percebem que também fazem parte daquela empresa, ou seja, "se o barco afundar, afundam junto"... A impressão que tenho é que essas pessoas já reclamam como costume, como modelo, como conduta. Parece que se não reclamarem, faltará algo. A visão de mundo dessas pessoas já está corrompida, veem sempre o lado ruim das coisas. É preciso educar o olhar.

O triste é encontrar aqueles que reclamam, mas nada fazem para mudar. Suas reclamações estão impregnando sua visão de mundo e criando raízes profundas em seus paradigmas.

Comprovadamente, quem espera não alcança. Mudar de vida requer trabalho. Aliás, o renovar é o morrer e o nascer ao mesmo tempo. É preciso desprender-se do velho para que o novo chegue. Não é possível ter tudo em mãos. Aqueles que reclamam, por anos, do trabalho que desenvolvem, mas nunca enviaram, sequer, um currículo para tentar um novo emprego é um exemplo real disso. A mudança é necessária. Faz parte da própria evolução. Tentar também.

Romper paradigmas e ampliar a visão de mundo exige amadurecimento e estudo. É preciso caminhar e todas as grandes caminhadas começam com um pequeno passo.

Comece mudando pequenas atitudes e caminhos. Quando a vida gira sempre na mesma direção é preciso fazer algo. Progredir, essa é a palavra.

Ouço muito: *Mas já tenho minha casinha, meu carrinho, meu empreguinho, tá tudo bom.* É só perceber que é tudo no diminutivo "casinha", "carrinho"... Pense grande para alcançar o que é grande. Deus é grande, pense grande! Atraia para si aquilo que é bom de verdade e não o que determinam para nós.

Conheço uma história fantástica de um urso que pensa ser homem ou seria um homem que pensa ser urso? Não sei... Assim podemos refletir juntos:

Um urso gostava muito de passear pela floresta. Um dia ele olhou para o céu e viu um bando de gansos voando para as zonas mais quentes. As folhas das árvores haviam amarelecido e começavam a cair. O urso sabia que o inverno estava chegando e ele precisava arranjar uma toca para se esconder. E foi exatamente o que ele fez.

Dias depois, dezenas de homens entraram na floresta, carregando mapas enormes, binóculos e estranhos aparelhos. Depois chegaram outros homens, traziam pás, tratores e serras elétricas, derrubaram árvores, cavaram buracos, trabalharam bastante. Mudaram tudo de lugar. Quem ali chegasse não reconheceria a antiga floresta. Uma grande fábrica foi construída em cima da toca onde o urso dormia. As chaminés atravessavam a neve e soltavam fumaça para todos os lados.

E então chegou a primavera.

O urso acordou, espreguiçou-se, coçou o nariz e bocejou. Olhou em volta, a escuridão era grande, ele não podia ver quase nada. Lá adiante, o urso viu uma luz, subiu os degraus, chegou à porta da toca e parou de repente. O que era aquilo? Onde estavam as árvores? Cadê os pássaros? E as flores? O que havia acontecido? Ele não estava compreendendo nada. O que eram aqueles enormes edifícios? E aquelas chaminés soltando fumaça?

Um vigia aproximou-se e perguntou o que ele estava fazendo no pátio. Mandou-o trabalhar. Trabalhar? Sou apenas um urso. Olhe aqui! Ou você vai trabalhar agora mesmo, ou eu chamo o chefe. Troque de roupa, tome banho, faça a barba e vá trabalhar. Não quero gente suja aqui na fábrica.

E levou o urso à sala do chefe. O urso continuou insistindo que era apenas um urso. E o chefe ordenou: troque de roupa, faça a barba, tome banho e vá trabalhar.

E foi levado ao gabinete do gerente. Deixe de conversa mole. Vá tomar banho, faça a barba e troque de roupa. Precisamos de você lá embaixo, na fábrica. Mas eu sou um urso...

Na sala do diretor as secretárias olharam com espanto para o urso. O diretor levantou-se e apontou para ele: – Basta de brincadeira. Vá trabalhar que é melhor. Troque de roupa, faça a barba, tome banho e pare com essa mania de querer passar por urso.

O vice-presidente já sabia da história do urso e estava furioso: – Você não é urso coisa nenhuma. Vou levá-lo ao presidente.

A sala do presidente era muito bonita. Havia cortinas nas janelas e quadros pendurados nas paredes. Atrás do urso, entraram na sala o vigia, o chefe, o gerente, o diretor e o vice-presidente. O urso apontou para trás: – Eu não queria vir, mas eles me trouxeram. Juro que sou um urso. O presidente sorriu: – Calma meu filho. Você está muito nervoso. Não precisa esconder nada. Sei que você não é um urso. Faça a barba, tome um banho, troque de roupa e vá trabalhar. – Mas eu sou um urso!

O presidente fechou a cara: – Deixe de bobagem. Você não é urso coisa nenhuma. E eu posso provar. Os ursos vivem nos circos e zoológicos, não vivem? Pois, então? Entraram todos no carro do presidente e foram ao jardim zoológico. Quando chegaram perto da jaula dos ursos, o presidente apontou para o urso e perguntou: – Ele é um urso ou não? Um urso que estava dentro da jaula respondeu: – Claro que não. Se ele fosse urso estaria aqui dentro, com a gente. O urso reclamou: – Mas eu sou um urso! Então, um filhote de urso aproximou-se das grades e gritou: – Você precisa é de um banho. Troque de roupa e vá trabalhar, vagabundo!

E puseram o urso a trabalhar numa grande máquina, ao lado dos operários. E vários meses se passaram…

Mas um dia a fábrica fechou. Os operários foram para casa. O urso não tinha casa, mulher, nem filhos, e não sabia para onde ir. Caminhou horas e horas sem destino, até se cansar. Olhou então, para o céu. E viu um bando de gansos voando para os trópicos. As folhas das árvores começavam a cair. Lá adiante havia um buraco entre as raízes de uma grossa árvore. O urso pensou em esconder-se por lá. Mas quando chegou perto pensou: 'Eu não posso entrar nessa toca. Não sou um urso. Sou apenas um homem preguiçoso, que precisa tomar banho, fazer a barba e trocar de roupa'.

Veio o inverno. A neve cobriu tudo. A floresta desapareceu embaixo dos flocos brancos. O urso tremia de frio. 'Se eu fosse um urso…', pensou. A neve começou a virar gelo. O urso ficou triste. Sozinho no meio da neve e do gelo, ele se lembrou com saudade do tempo em que trabalhava na fábrica: 'Como era bom lá dentro... tudo tão quentinho...'.

Deitou-se outra vez de costas, cochilou, dormiu e sonhou... que era um urso... [13]

Conheço pessoas que passam uma vida vivendo como os outros determinam. Vivem no barulho do mundo. Caminham, correm, compram, pagam sem se perguntar o porquê de tudo aquilo. A vida é muito mais do que tudo isso, é uma vitrine linda. Não podemos ficar de fora olhando apenas. O medo de viver aprisiona qualquer um. Saia da caverna, e comece a viver! Existem cavernas internas, pessoas que se escondem dentro de si, não sorriem, não expressam opiniões.

Permita-se errar. Somos a imagem e semelhança de Deus. Será que Ele faria alguém simplesmente para perder? Será que Ele colocaria no mundo simplesmente alguém para sofrer? A gente se permite sofrer! É necessário mudar, recomeçar e reconstruir quantas vezes forem necessárias, porque para Deus não importa quantas vezes você cai, mas sim quantas vezes você quer se levantar.

Sou apaixonado pela música **Começo, meio e fim** gravada pelo grupo Roupa Nova, cuja letra diz que a

13 | Gabriel, CHALITA, *Educação: a solução está no afeto.*

vida tem sons que para a gente ouvir é preciso aprender a começar de novo. É como tocar o mesmo violão e nele compor uma nova canção. Nossa vida é esse violão, podemos compor novas canções o tempo todo.

Ah! Coração!
Se apronta pra recomeçar.
Ah! Coração!
Esquece esse medo de amar de novo.[14]

Se a vida tem sons que para se ouvir é preciso aprender a começar de novo, então se apronta para recomeçar, de novo. Saia de a caverna quantas vezes precisar, encare o mundo sem medo, sem se corromper pelo que falam. Fora da caverna estão a luz, o amor e a felicidade. Não tenha medo. Esqueça esse medo de amar.

14 | Composição: Tavito – Ney Azambuja – Paulo Sérgio Valle.

O amor ainda existe?

Nada se assemelha à alma como a abelha. Esta voa de flor para flor, aquela de estrela para estrela. A abelha traz o mel, como a alma traz a luz.

Victor Hugo

SE O AMOR AINDA EXISTE? CLARO QUE SIM! E É EXATAMENTE NISSO QUE QUERO ACREDITAR. O que une uma família não são as paredes, os quadros, as peças ou os móveis. O que une uma família é o amor. Não basta apenas dizer "eu te amo", as pessoas precisam, necessariamente, se sentir amadas, e o amor está presente nos mais simples detalhes. No livro **Nascemos para Amar**, Leo Buscalia diz que: *O amor é o elo mais eficaz entre todas as coisas. Tem o poder de iluminar, curar, unir, enriquecer e restaurar. Basta que estejamos abertos a ele.*

A vida em comunidade exige de nós um determinado grau de comprometimento, profundidade e amor. Nossa falta de habilidade em conviver com o outro tem sido a responsável por nossos maiores medos, ansiedades, sentimentos de solidão, e até mesmo sérias doenças mentais. Todos, indiscutivelmente, sofrem ou já sofreram por qualquer sentimento aflorado. Alguns escondem, mascaram e fogem até de seu próprio eu. Como se o sentir – qualquer tipo de medo – fosse pecado, fosse demonstrar sofrimento.

Toda relação humana requer amadurecimento, seja no trabalho, na família, na vida escolar... Crianças sofrem por medo de não serem aceitas, adolescentes almejam participar desse ou de outro grupo. E os adultos? Esses continuam a sofrer. Fernando Pessoa, poeta português, nos presenteia com uma bela frase que retrata, exatamente, a maneira como alguns de nós agimos.

Enquanto não atravessarmos a dor de nossa própria solidão, continuaremos a nos buscar em outras metades.

Quantas vezes, para se amar, vejo pessoas propondo regras, regulamentos, pedindo para que o outro mude isso ou aquilo. É comum ouvir a frase "Vou te amar se...", ou seja, o amor é oferecido mediante condições e exigências. O amor é natural, instantâneo. Surge como o vento que não vemos, mas que sentimos tocar nosso rosto. O amor imposto às regras morre, porque ninguém nasce para cumprir simplesmente regras. Rompê-las é necessário e faz parte da nossa própria evolução. Esse amor imposto torna-se artificial. São casais com sorrisos falsos, com abraços frios e toques sem vontade.

Fernando Pessoa comparava, ainda, o amor romântico a um traje. Sabemos que ele pode se desfazer caso não cuidemos dele, mas podemos vestir outros trajes, porque o mais valioso é a essência, a alma. Quando encontramos esse sentimento, mesmo que esquecido há tempo, ele surge como um novo e belo traje.

> O amor romântico é como um traje, que, como não é eterno, dura tanto quanto dura; e, em breve, sob a veste do ideal que formamos, que se esfacela, surge o corpo real da pessoa humana, em que o vestimos. O amor romântico, portanto, é um caminho de desilusão. Só o não é quando a desilusão, aceite desde o princípio, decide variar de ideal constantemente, tecer constantemente, nas oficinas da alma, novos trajes, com que constantemente se renove o aspecto da criatura, por eles vestida.[15]

15 | Disponível em: < http://pensador.uol.com.br/Charles _Chaplin/ > Acesso em: 10/06/2010.

É triste perceber o quanto alguns passam uma vida inteira com medo de renovar. A renovação é necessária. É o nascer e o morrer juntos. O medo aprisiona o ser. Ter medo de viver é estar, completamente, condenado a uma vida triste.

Precisamos uns dos outros, mas a verdadeira felicidade não pode estar depositada no outro. Todos nós precisamos uns dos outros, precisamos de nós mesmos. O autoamor é preciso. Não podemos amar outra pessoa sem antes amarmos a nós próprios.

Temos toda a liberdade, através do livre-arbítrio para fazer aquilo que acharmos melhor. Nessa liberdade encontra-se o amadurecimento. Tudo em exagero faz mal. Temos o direito, mas com sabedoria, conseguimos distinguir o que nos faz seres melhores. A comida em excesso, a bebida em excesso, o sexo em excesso são exemplos daquilo que pode nos fazer mal se dosado sem sabedoria.

Atualmente, fala-se muito em autoestima, o que é isso senão o amor próprio. As empresas buscam profissionais assim, as pessoas relacionam-se melhor com aqueles que possuem uma boa autoestima.

A esse respeito Chalés Chaplin nos presenteia mais uma vez com suas reflexões:

Quando me amei de verdade, compreendi que em qualquer circunstância, eu estava no lugar certo, na hora certa, no momento exato. E então, pude relaxar. Hoje sei que isso tem nome... Autoestima.

Quando me amei de verdade, pude perceber que minha angústia, meu sofrimento emocional, não passa de um sinal de que estou indo contra minhas verdades. Hoje sei que isso é... Autenticidade.

Quando me amei de verdade, parei de desejar que a minha vida fosse diferente e comecei a ver que tudo o que acontece contribui para o meu crescimento.

Hoje chamo isso de... Amadurecimento.

Quando me amei de verdade comecei a me livrar de tudo que não fosse saudável... Pessoas, tarefas, tudo e qualquer coisa que me pusesse para baixo. De início minha razão chamou essa atitude de egoísmo.

Hoje sei que se chama... Amor-próprio.[16]

Somos seres destinados a viver em grupo, em união. O que une tudo isso é o amor que praticamos e recebemos. O traje que quero vestir é aquele tecido pelo amor, pois nascemos para amar! O amor ainda existe e enquanto existir, eu buscarei sua essência como principal ferramenta para aquilo que pratico e acredito.

16 | Disponível em: < http:// pensador.uol.com.br/Chalés _Chaplin/ > Acesso em: 10/06/2010.

Ensine a amar!

O Cristo não pediu muita coisa, não exigiu que as pessoas escalassem o Everest ou fizessem grandes sacrifícios. Ele só pediu que nos amássemos uns aos outros.

Chico Xavier

RESOLVI USAR COMO EXEMPLO, AO FALAR ACERCA DE COMO DEVEMOS ENSINAR A AMAR, O EXEMPLO DE NELSON ROLIHLAHLA MANDELA, que foi um líder rebelde e, posteriormente, presidente da África do Sul de 1994 a 1999. Principal representante do movimento antiapartheid, considerado pelo povo um guerreiro em luta pela liberdade, era tido pelo governo sul-africano como um terrorista e passou quase três décadas na cadeia.

Nelson Mandela, como é mais conhecido, ficou preso durante quase trinta anos e viveu todo esse tempo em uma cela muito pequena, escura e nos momentos mais difíceis encontrava na poesia um refúgio, uma fuga, um momento de luz, que aliada à sua ideologia o fizera sobreviver durante todo esse tempo.

Quando saiu da prisão resolveu que não viveria com sua alma aprisionada. Resolveu, então, continuar e a pregar a liberdade, o amor e a igualdade. Eleito presidente da República de seu país preferiu não se vingar dos brancos, pregou a liberdade e a igualdade a todos. Em um de seus ensinamentos, Mandela disse que ninguém nasce odiando outra pessoa pela cor de sua pele, por sua origem ou ainda por sua religião. Para odiar, as pessoas precisam aprender e, se elas podem aprender a odiar, podem ser ensinadas a amar. É exatamente nisso que acredito. São exemplos de pessoas simples ou conhecidas que nos permitem refletir. É necessário estar aberto a essas reflexões.

Por exemplo, quando uma criança vai crescendo, o mundo que a cerca e as pessoas que convivem com ela interagem com seu mundo e vão lhe ensinando não só o significado do amor, mas o real sentido de amar. Quando a criança cresce, seu mundo e suas relações também crescem. Muito depois de grande a criança engessa na arte de amar, permanece distante e fria, talvez por não ter recebido amor, talvez por ter sido maltratada em algum momento, mas dentro dela, nem que seja bem-guardado, ainda existe algo bom.

Em seu livro **Amor** Leo Buscaglia afirma: *O amor é como um espelho. Quando você ama outra pessoa ela se torna seu espelho e você o dela. Refletindo o amor de cada um você enxerga a infinidade.*[17]

O bonito disso é que não importa qual seja o amor, mas que exista o amor. Todos nós temos amores e muitos amores que podem ser de amigo de verdade, de irmão, de marido, de esposa, de avó e de namorados. William Shakespeare discorre a esse respeito de forma belíssima...

Há certas horas, em que não precisamos de um Amor...
Não precisamos da paixão desmedida...
Não queremos beijo na boca...
E nem corpos a se encontrar na maciez de uma cama...

17 | Leo, BUSCAGLIA, *Amor*.

Há certas horas, que só queremos a mão no ombro, o abraço apertado ou mesmo o estar ali, quietinho, ao lado...
Sem nada dizer...
Há certas horas, quando sentimos que estamos pra chorar, que desejamos uma presença amiga, a nos ouvir paciente, a brincar com a gente, a nos fazer sorrir...

Alguém que ria de nossas piadas sem graça...
Que ache nossas tristezas as maiores do mundo...
Que nos teça elogios sem fim...
E que apesar de todas essas mentiras úteis, nos seja de uma sinceridade inquestionável...

Que nos mande calar a boca ou nos evite um gesto impensado...
Alguém que nos possa dizer:
Acho que você está errado, mas estou do seu lado...
Ou alguém que apenas diga:

Sou seu amor! E estou Aqui![18]

O importante é perceber que o seu amor não pode ser medido pelo amor do outro. Não podemos deixar de amar porque alguns resolveram se fechar dentro de si. Não podemos deixar de amar porque o mundo resolveu pregar o desamor entre as pessoas. Gandhi dizia: *Não é necessário entrar para história para fazer a diferença.*

18 | Disponível em: < http:// pensador.uol.com.br/autor/William_Shakespeare/ > Acesso em 09/07/2010.

Não é esse "entrar para história" que proponho. A minha proposta é exatamente o contrário: somos todos capazes. Nelson Mandela foi líder de uma grande nação, mas você pode ser líder de uma família, de uma escola, de um grupo de amigos. Pode ser, ainda, líder de você mesmo. Seja um líder exemplar, multiplicando educação e respeito.

Em **O Sermão da Montanha**, Jesus proferia: *Portanto, tudo o que vós quereis que os homens vos façam, fazei-o também vós a eles.* Mt.: 7, 12. Nisso residem o respeito, o amor e a ética: não fazer ao outro o que não gostaríamos que fosse feito conosco. Ensinamento simples e muitas vezes difícil de praticar.

Atitudes de amor são praticadas em momentos simples, pois o respeito faz parte de toda relação de amor. Os desentendimentos entre os homens chegaram à violência quando o respeito e a tolerância deixaram de existir. Resgatar é preciso.

Vejo, às vezes, pais que se orgulham quando o filho grita e dá ordens a outras crianças e ainda se vangloriam dizendo: *Viu como meu filho é macho? Ele tem personalidade forte!* Isso jamais pode ser visto como personalidade, isso é simples falta de educação, de respeito e de amor ao próximo. Desde quando gritar é sinal de personalidade? Muito menos sinal de "machesa"!

O verdadeiro homem fala baixo, é educado, simples e não tem medo do que possam falar. Jesus falava baixo, Gandhi, Dalai Lama e tantos outros também. Aliás, muitos fazem o contrário: gritam, são rudes, grosseiros para mostrar que são "homens". Coitados, se precisam disso para mostrar sua masculinidade é porque ainda estão em dúvida.

Quando temos certeza de algo, não precisamos provar. Outro exemplo: aqueles que são ricos e passam o tempo todo falando apenas dos bens que possuem. Falam dos carros, dos quadros caros, das viagens, enquanto o outro se encolhe cada vez mais porque é simples e não fez nada disso. Encoraja-se na simplicidade e, sem que perceba, o outro o humilha. Profere a tristeza e até desestimula o outro.

Ouvi de uma pessoa, certa vez, que não ia a uma festa de pobres porque ele havia viajado 11 vezes para Paris. Fiquei pensando: ir a Paris dá diploma de elegância e educação? Se desse, acho que ele deveria ir mais algumas vezes, pois conheço outros que foram para Aparecida do Norte e são mais agradáveis, simpáticos e elegantes...

Cartola, na música **As rosas não Falam**, com propriedade, elucida essa questão: *Queixo-me às rosas, mas que bobagem as rosas não falam... Simplesmente as rosas exalam [...].*

Sejamos como as rosas, exalemos, então, amor e caridade. Esse ensinar a amar que digo deve ser sem pretensões, sem discursos longos. Podemos ensinar a amar com aquilo que temos em mãos: a família, sua aula, seu escritório, suas canções, seu quadros, seus livros, suas orações, ou, simplesmente, com um sorriso sincero e um abraço, mas ensinemos a amar. Podemos, sim, ensinar a amar!

Mágoas que pesam

Senhor,

Fazei de mim, um instrumento de vossa Paz,
Onde houver ódio que eu leve o Amor,
Onde houver ofensa que eu leve o Perdão [...].
Onde houver discórdia que eu leve a União.
Onde houver dúvida que eu leve a Fé
Onde houver erro que eu leve a verdade.
Onde houver desespero que eu leve a Esperança
Onde houver tristezas que eu leve a Alegria.
Onde houver trevas que eu leve a luz! [...].

Oração de São Francisco de Assis

FERNANDO PESSOA DIZIA QUE SER FELIZ É ENCONTRAR FORÇA NO PERDÃO, ESPERANÇAS NAS BATALHAS, SEGURANÇA NO PALCO DO MEDO, AMOR NOS DESENCONTROS. É AGRADECER A DEUS A CADA MINUTO PELO MILAGRE DA VIDA, e é exatamente assim que deveríamos encarar, mas fazemos o contrário: diante das batalhas desistimos, ao invés de perdoar, carregamos mágoas e, ao invés de agradecer, reclamamos.

Atitudes que nem sempre nos agradam geram feridas que levam anos para serem cicatrizadas, e muitas nem o são, pois foram feridas abertas com tanta profundidade que levarão dezenas de anos, ou até mesmo uma vida para serem curadas. Chico Xavier tinha uma frase que adoro e nos faz refletir, perfeitamente, acerca dessa questão e dimensão do assunto: *Fico triste quando alguém me ofende, mas, com certeza, eu ficaria mais triste se fosse eu o ofensor... Magoar alguém é terrível!*

Clarice Lispector, poetisa, de quem sou fã incondicional, dizia o seguinte sobre mágoas: *Você só terá sucesso na vida quando perdoar os erros e as decepções do passado.*

Podemos perceber que os autores aqui citados até agora, Fernando Pessoa, Chico Xavier e Clarice Lispector eram pessoas extremamente diferentes, viveram em épocas diferentes, em situações adversas, mas são marcadas pela sensibilidade no que se refere ao tema que ora abordamos. Quis assim proceder para demonstrar o quanto o assunto é importante, e preciso entrar em discussão. Nenhum vencedor pode estar pesado, carregado de mágoas, seja ele vencedor em qualquer que seja a área.

Algumas pessoas carregam mágoas tão antigas que anos depois já nem sabem ao certo por que estão com raiva, tristes, magoadas com as outras, mas permanecem estáticas.

Outro dia ouvi de uma pessoa que não iria à Ceia de Natal porque lá estaria presente um primo que quando pequeno, durante uma briga de criança, teria lhe atirado uma pedra na cabeça. A mágoa seria normal até algumas semanas depois do ocorrido, mas após ter se passado 30 anos e quando todos já possuem seus filhos, são pais, profissionais e mesmo assim ainda carregam dentro de si esse tipo de ferida, não tem sentido.

O pior de tudo, o que essas pessoas não percebem, é que deixarão de ver tantas pessoas queridas na Ceia de Natal, deixarão de encontrar tantos parentes amados por quem há muitos anos a saudade toma conta, e preferem ficar distantes, amargurados por situações do passado. Deixam de viver a beleza do presente, a sensação do momento por questões tão tolas. É apenas um exemplo diante de milhares que conhecemos e vivenciamos. Em todas as famílias, infelizmente as mágoas existem. Quando muito focamos aqueles que nos feriram, ficamos distantes daqueles que amamos. Dizia William Shakespeare: *Guardar ressentimento é como tomar vene-*

no e esperar que a outra pessoa morra. O peso está em você e não no outro.

Problemas de comunicação, de fofoca, de mágoas antigas, de situações não resolvidas. Essas mágoas crescem e tomam conta de dentro do ser humano. Uma pessoa assim é pesada, carregada. Oscar Wilde foi ainda mais sádico quando falou acerca do perdão: *Nunca deixe de perdoar seus inimigos, nada os aborrece tanto.*

Se a mágoa pesa, o perdão alivia a alma carregada. Charles Chaplin dizia: *A doçura do perdão traz a esperança e a paz*, e é verdade. Por que será que tantos textos a respeito da mágoa são encontrados?

A oração ensinada ao homem por Jesus diz assim: **[...] Perdoai as nossas ofensas assim como nós perdoamos a quem nos tem ofendido. [...].**[19]

Não é fácil analisar, mas aqueles que estão carregados de mágoas não deveriam fazer todos os dias essa oração.

Ela pede para que Deus perdoe suas ofensas assim como você perdoa aqueles que o ofenderam. Deus te perdoa à medida que você perdoa seus irmãos. A responsabilidade é muito grande, os dizeres não são por acaso, se trata da maior oração ensinada e divulgada entre o Cristianismo.

Não posso, no entanto, deixar de dizer que não temos todo o tempo. Como tudo passa rápido demais, quantas saudades nós carregamos e quanta coisa ficou a ser dita. Conheço uma fábula, de autor desconhecido, que

19 | *Bíblia Sagrada*, Mateus: 6, vers. 9-13.

nos permite pensar o quanto nós adiamos tudo. Regime para segunda, a arrumação do quarto para o final de semana, o perdão para depois, a demonstração de amor para datas festivas. Todos esses momentos podem não chegar. É exatamente esta certeza que nós temos – apenas esta certeza: a da provisoriedade. Enfim, vou reescrever a fábula:

Mais cinco minutos

No parque, uma mulher sentou-se ao lado de um homem e após alguns minutos disse a ele:

- Aquele ali é meu filho, o de suéter vermelho, deslizando no escorregador.

- Um bonito garoto - respondeu o homem.

E completou:

- Aquela de vestido branco, pedalando a bicicleta, é minha filha.

Então, olhando o relógio, o homem chamou a sua filha.

- Melissa, o que você acha de irmos?

- Mais cinco minutos, pai. Por favor, só mais cinco minutos!

O homem concordou e Melissa continuou pedalando sua bicicleta para alegria de seu coração.

Os minutos se passaram, o pai levantou-se e novamente chamou sua filha:

- Hora de irmos!

Mas, outra vez Melissa pediu:

- Mais cinco minutos, pai. Só mais cinco minutos!

O homem sorriu e disse:

- Está certo!

- O senhor é certamente um pai muito paciente - comentou a mulher ao seu lado.

O homem sorriu e disse:

- O irmão mais velho de Melissa foi morto no ano passado por um motorista bêbado, quando montava sua bicicleta perto daqui. Eu nunca passei muito tempo com meu filho e agora eu daria qualquer coisa por apenas mais cinco minutos com ele. Eu me prometi não cometer o mesmo erro com Melissa.

Ela acha que tem mais cinco minutos para andar de bicicleta. Na verdade, eu é que tenho mais cinco minutos para vê-la brincar...[20]

Quanto tempo você ainda tem para pedir perdão? Para amar? Para deixar de fazer pirraças? Para deixar de provocar aqueles que tanto te amam?

Quanta coisa nós podemos aprender observando, estudando e refletindo acerca desse tema tão complexo e presente na vida e no coração das pessoas. É preciso limpar nossas gavetas internas, retirar tanta coisa velha, antiga e sem serventia. Mágoas que mofam, atrapalham, mas que estão presentes. Desprenda-se sem medo, seja leve. Deixe fora de você esse sentimento. Carregue dentro apenas seus sonhos, seu amor, sua fé. A felicidade está na

20 | Disponível em: < www. Momento.com.br > Acesso em 11/06/2010.

liberdade de não carregar sentimentos não felizes.

Encerro meus dizeres a respeito da mágoa e do perdão com o pensamento de Platão em que ele dizia que: *Errar é humano, mas também é humano perdoar. Perdoar é próprio de almas generosas.* Generosidade é amor. Pratique o perdão, espalhe o amor.

Deus acredita no coração que sonha

Deixa Deus te ajudar

Deixa Deus te ajudar
Ele tem ouvido a tua oração
Dê uma chance pra Jesus
Ele não está na cruz
Está vivo e quer te abençoar
Conta pra Ele onde está a sua dor
Pra tudo Ele tem a solução
Agora é só uma questão de tempo
Ele está neste momento intercedendo por você
Deixa Deus te ajudar

Entrega pra Ele o teu coração
Olhe, acredite, tenha fé
Ele não muda Ele é
a solução pra tua vida.

Marcello Brayner

JÁ PAROU PARA PENSAR EM COMO AS PESSOAS TE VEEM? Não é para ouvir atrás da porta para saber como as pessoas te veem, como elas te enxergam, o que falam de você, mas instiga a curiosidade imaginar o que as pessoas falam de você quando não está por perto. O que elas pensam?

É importante pensarmos sobre isso, porque cada ser que encontramos nos vê por inteiro, nos vê de frente. Nem nós mesmos podemos fazer isso, mesmo olhando no espelho, pois ali já não é a realidade, é uma imagem transmitida. Se assistirmos a uma gravação, olhar uma foto, ali é imagem, são representações da realidade.

O que quero dizer é que ver a verdade, ver de frente, enxergar por inteiro só as outras pessoas têm o dom de fazer.

No dia a dia tantos sinais nos são dados, e, como muita gente perde a sensibilidade no decorrer da vida, não consegue percebê-los. Para saber como as pessoas te veem, basta prestar atenção em sinais simples. Por exemplo, quando você chega a um lugar, como as pessoas reagem? Elas gostam de conversar com você? As pessoas se juntam para ouvir suas palavras? Te recebem com carinho? Ficam felizes ao te ver?

Somos o reflexo do que temos por dentro, do que pensamos e sentimos. As palavras são representações da alma e mesmo que muitos encenem, falsifiquem imagens, uma hora eles são descobertos, são percebidos e causam decepção nas pessoas.

Nossas palavras, nossos gestos e nossos olhares são representações de nossa alma. Como são as palavras, os gestos e os olhares que partem de você? Use-os sempre com amor e alegre as pessoas, multiplique o bem e desperte no outro a capacidade de te ver com luz.

Jesus nunca dizia onde estaria e sempre que chegava aos lugares esses estavam lotados, as pessoas se aglomeravam somente para vê-lo passar. Subiam nas casas, nos morros, nas árvores... Muitos sabiam que não conseguiriam falar com Ele, mas se contentavam em vê-lo passar. A imagem Dele representava, emanava tanta luz e amor que as pessoas ficavam felizes e realizadas somente em ver Jesus passar. Tento imaginar como deveria ser essa visão de perto "ver Jesus passar...".

Sempre que falo ou escrevo a esse respeito eu me emociono, imagino ver de perto e vivenciar essa situação. Jesus fazia as pessoas se sentirem bem, e melhores do que quando ali chegavam ao seu lado. Tinha sempre uma palavra doce e mesmo que chamasse a atenção ou ensinasse a alguém, fazia isso com amor e as pessoas sentiam-se melhores, saiam de Sua presença renovadas.

Como as pessoas saem de sua presença? Elas se sentem melhores?

Encontro tantas pessoas que reclamam tanto, que falam mal dos outros, que só reprimem, olhando com preconceito, e que falam somente desamores, que quando eu me afasto dessas pessoas me sinto mal, pesado e muitas vezes até triste. Essas pessoas despertam em qualquer um sentimento ruim de não querer mais a sua convivência. Acontece que muitas vezes essa convivência é inevitável. Ela é necessária, como no caso de um chefe, de um pai, de um marido ou esposa, de um filho...

Existe algo chamado "livre-arbítrio" que nos ensina a liberdade, a decisão em nossas mãos. Algumas dificuldades são até inevitáveis, outras podemos escolher passar ou não. Talvez seja estranho, mas analiso pessoas que há mais de 10 anos reclamam do chefe, mas nessa década toda jamais procuraram novos rumos e novas oportunidades. Essas pessoas enfadonhas geram nas demais um olhar não alegre. Estão sempre reclamando, gerando situações desagradáveis. Elas possuem a liberdade, mas não sabem usá-la. Guardam dentro de si seus sonhos, criam baús de sonhos e trancam lá dentro achando que jamais poderão realizá-los. Sonhos não realizados pesam dentro da gente, precisamos realizar, colocar para fora. Um sonho só deve sair de dentro da gente para ser realizado.

Jesus resgatava nas pessoas a capacidade de sonhar. Ele conseguia fazer com que donas de casa, pescadores e tantas outras pessoas que estavam sem perspectiva de vida voltassem a sonhar. Jesus sabia que pessoas sem sonho são pessoas que já morreram e que deixaram de produzir, de realizar, de viver... Como você ajuda a resgatar sonhos?

Encontros em família são ótimos e sempre adoro analisar essas situações. Algumas pessoas, normalmente, aquelas que deixaram de sonhar, adoram mostrar aos outros, geralmente aos mais novos, que tudo o que eles têm feito não serve de coisa alguma ou que seus sonhos são bobagens...

Sonhos nunca são bobagens porque eles mantêm pessoas vivas! É preciso saber respeitar os sonhos das pessoas. Algumas vezes precisamos alertar, instruir, direcionar, mas nunca tolher um sonho.

O respeito ao sonho também é importante. O sonho é único. Nesses encontros de família as cobranças são também muito comuns. Tem muito jovem que ainda não casou, pois hoje é diferente, muita gente prefere estudar, ter estrutura, mas mesmo assim, sonhar em se casar, mas ainda não conseguiu, não teve tempo, oportunidade ou simplesmente não encontrou um amor. Quando chegam ao encontro de familiares recebem de imediato a pergunta: "Ainda não se casou?". Tem sempre alguém para questionar, interrogar e fazer um paredão às outras pessoas. Engraçado, que quando esses jovens casam e chegam ao encontro de familiares recebem outra pergunta: "Ainda não tem filhos? Como pode isso?". São pessoas que interrogam. Pessoas assim, geralmente, estão sozinhas, isoladas porque ninguém gosta de ser interrogado.

Como as pessoas te veem? Seja alguém com quem as pessoas gostam de estar, gostam de conversar! Seja quem resgata sonhos e não os que apagam a qualidade de sonhar das pessoas. Como dizia o cantor Raul Seixas:

Um sonho sonhado só é apenas um sonho, um sonho sonhado junto é realidade.

Muitos estão com sonhos escondidos, engessados, mas eles estão ali e Deus acredita no coração que sonha. Não importa qual seja seu sonho, não tenha vergonha dele. William Shakespeare nos presenteia com um belo texto a esse respeito:

Há quem diga que todas as noites são de sonhos.

Mas há também quem garanta que nem todas, só as de verão. No fundo, isto não tem muita importância.

O que interessa mesmo não é a noite em si, são os sonhos. Sonhos que o homem sonha sempre, em todos os lugares, em todas as épocas do ano, dormindo ou acordado. [21]

A espiritualidade não é uma religião, é um estado, é uma maneira de ser. Somos um espírito em forma humana carregado de sensibilidade e sensações que nos permitem aprender, desaprender, evoluir, reconstruir, resgatar, promover novos olhares e resgatar sonhos. Dentro dessas características destaco a capacidade de resgatar sonhos, porque ela demonstra o amor que temos aos outros, e foi justamente esse o pedido que Jesus nos deixou.

Resgate o sonho escondido em você. Escolha sonhar os sonhos de Deus e esteja tão perto de você mesmo, a ponto de conseguir ouvir dentro de você quais são esses

21 | Disponível em: < http://pensador.uol.com.br/autor/William_Shakespeare/ > Acesso em: 07/07/2010.

sonhos, qual é a sua missão e o que Ele espera de você. Nunca se esqueça de que Deus acredita no coração que sonha e quem ajuda os outros a realizar sonhos tem mais chances de realizar os seus, quem aprende a aplaudir, tem mais chances de ser aplaudido, e nessa sequência, quem ama traz para perto de si o amor.

Sonhe!

Fé e espiritualidade

[...] e ainda se vier
Noites traiçoeiras
Se a cruz pesada for
Cristo estará contigo
O mundo pode até fazer você chorar.
Mas Deus te quer sorrindo

Noites Traiçoeiras
Composição: Carlos Papae

TENHO CERTEZA DE QUE A VIDA DE MUITA GENTE VAI MUDAR E VAI MUDAR PARA MELHOR. Sei que as pessoas amadurecerão interiormente, e mais sábias, ficarão mais felizes e assim farão mais pessoas felizes. Por que escrevo tudo isso? Simplesmente, porque tenho Fé e ela é a certeza das coisas que se espera.

Ora, a fé é a certeza de coisas que se esperam, a convicção de fatos que se não vêem. Hebreus: 11,1.

Deus não dá o que você pede e sim o que você acredita. É exatamente nisso que acredito: na melhora significativa das pessoas. Por exemplo, muita gente vai melhorar porque leu esse texto até aqui, porque refletiu, não porque eu, na minha maneira simples de me expressar, escrevi até aqui, mas porque você dedicou um tempo a você. Durante a leitura, ficou em silêncio, esteve mais perto de você, e pertinho de você é possível ouvir lá dentro os mais bonitos sonhos.

É comum sentirmo-nos esquecidos, mas não se pode abalar, desanimar e multiplicar o desamor. É exatamente o contrário que Ele espera de nós. É nas horas mais difíceis que precisamos ser fortes e sentir dentro de nós a força que vem do amor: o amor de Deus.

Mario Quintana dizia que não importa saber se a gente acredita em Deus: o importante é saber se Deus acredita na gente...

E Ele acredita!

Deus não fez ninguém para sobrar, para ser infeliz, para não dar certo na vida. Cada ser é único, e capaz de escrever sua história dentro da beleza, dentro da gentileza, dentro do amor. Cada ser que se encontra está travando uma batalha.

Seja uma ajuda e não mais um peso. Seja um sorriso e não um rosto fechado. Seja um abraço e não um desprezo.

Cada um de nós precisa ir além, fazer sempre um pouco mais, aliás, todos nós podemos fazer sempre um pouco mais. Faz parte do nosso ser fazermos um pouco mais e sermos um pouco mais. Santo Agostinho proclamou: *Necessário se faz marcharmos com desassombro e serenidade, dilatando a capacidade à frente da Majestade Criadora. Quem ama não discute. Serve em silêncio, semeia o bem à distância da preocupação de recompensa e segue adiante.*

Tenho quase certeza de que esse tenha sido meu livro mais sensível, pois me emocionei muito ao escrevê-lo. Coloquei nele muito do que carrego dentro de mim, minhas ideias, minhas crenças, os textos que de gosto, alguns dos meus autores preferidos, e muito do que acredito. Não senti medo em fazer isso, pois aposto naqueles que posso ajudar de alguma maneira, é por isso que falo, é por isso que escrevo.

Construo escadas e não choro na beira de muro.

Comparo Deus ao Mar, em sua beleza em infinitude. Não importam como as pessoas vão até eles, simplesmente vão e contemplam. Assim é Deus. Não importa como as pessoas vão até a praia, se de carro, de bicicleta ou ônibus, pois quando chegam não sentam olhando a rua para ver como cada um foi, quando chegam, sentam-se diante do mar e apaixonam-se por sua beleza. Assim é Deus. Não importa como se chega até Ele, se por meio de uma igreja evangélica, budista, cristã, espírita ou qualquer outra denominação, pois todas as religiões Cristãs têm Jesus como centro e Jesus é amor. *Porque és precioso a meus olhos, porque eu te aprecio e te amo, permuto reinos por ti, entrego nações em troca de ti. Fica tranqüilo, pois estou contigo. Os mandamentos que hoje te dou serão gravados no teu coração.* Isaías: 43,1-5.

Nessa caminhada até aqui aprendi questões importantes acerca dessa união entre corpo, mente e alma e é por isso que cito tanto essa questão no decorrer da obra. Percebi, com a espiritualidade, que nós somos, exatamente, responsáveis pelo que somos, pelo que fazemos e praticamos. A espiritualidade nos integra na posição de criaturas eternas. Nós somos eternos. Aqui, uma matéria carregando uma alma. Quando a matéria termina, a alma continua.

Um dos autores que menciono muito durante o livro é Victor Hugo. Quando morreu, no século XIX, o poeta francês arrastou nada menos que dois milhões de acompanhantes em seu cortejo fúnebre, em plena Paris. Em uma época em que não existia internet, celular ou qualquer outro meio rápido de comunicação, as pessoas se aglomeraram não pela beleza ou pela riqueza de

Victor Hugo, mas por ele ter sido um lutador das causas sociais, defensor dos oprimidos, divulgador do ensino e da educação. O genial literato deixou textos inéditos que, por sua vontade, somente foram publicados após a sua morte. Um deles fala, exatamente, do homem e da imortalidade:

Aquele que dorme e desperta, desperta e vê que é homem.

Aquele que é vivo e morre, desperta e vê que é Espírito.

Somos um espírito vivendo uma experiência humana e não o contrário. Seria muita pretensão nossa colocar a experiência humana como objetivo único. Nesse trajeto o amor sempre esteve presente no mundo.

Na obra **Espiritualidade - Um Caminho de Transformação**, Leonardo Boff discorre acerca de uma pergunta feita ao Dalai-Lama sobre espiritualidade, vejamos:

Uma vez fizeram esta pergunta ao Dalai-Lama e ele deu uma resposta extremamente simples:

Espiritualidade é aquilo que produz no ser humano uma mudança interior.

Não entendendo direito, alguém perguntou novamente:

- Mas se eu praticar a religião e observar as tradições, isso não é espiritualidade?

O Dalai-Lama respondeu:

- Pode ser espiritualidade, mas, se não produzir em você uma transformação, não é espiritualidade. E acrescentou:

- Um cobertor que não aquece deixa de ser cobertor.

Então atalhou a pessoa:

- A espiritualidade muda ou é sempre a mesma coisa?

E o Dalai-Lama falou:

- Como dizem os antigos, os tempos mudam e as pessoas mudam com ele. O que ontem foi espiritualidade hoje não precisa mais ser. O que em geral se chama de espiritualidade é apenas a lembrança de antigos caminhos e métodos religiosos.

E arrematou:

- O manto deve ser cortado para se ajustar aos homens. Não são os homens que devem ser cortados para se ajustar ao manto.[22]

Fica claro que espiritualidade é aquilo que mexe e que transforma. É aquilo que permite uma mudança dentro da gente. Somos seres de mudanças. Analise sua vida em dez anos. Veja quanta gente conheceu, quantos empregos teve, quando cidades você visitou, mas tente analisar ainda o que mudou – o que ganhou e o que perdeu. Qual foi a mudança que teve em dez anos? Permita-se essa reflexão. Se possível coloque em um papel os principais pontos.

Sendo ainda mais elucidativo – "mania de professor" – nós podemos entender espiritualidade começando pelo radical da palavra – **espírito** que segundo o Dicionário Aurélio é a parte imaterial do ser humano, ou seja, a **alma**.

22 | Leonardo, BOFF, *Espiritualidade – Um caminho de Transformação.*

Utilizando ainda o Dicionário Aurélio, o significado para Alma é *Princípio de vida.* Uma entidade a que se atribui por necessidade um princípio de unificação, as características essenciais à vida e ao pensamento. A alma é o princípio espiritual do homem concebido como imortal, e separável do corpo. A **fé**, por sua vez, é uma convicção, uma crença, força maior que move, movimenta, faz crescer, produzir, buscar, realizar. É o que nos dá força.

Bonito conseguir unir espiritualidade e fé, pois são transcendentais e não importa qual caminho tenha escolhido para percorrer ou para encontrar. Jesus afirmou: *Onde dois ou três estiverem reunidos em meu nome, eu lá estarei.* Mateus: 18,20.

Tenha fé!

Vencer

Este é meu mandamento: Amai-vos uns aos outros como eu vos amo.

João: 15,9

QUANDO VEMOS UMA BORBOLETA, DIFICILMENTE CONSEGUIMOS IMAGINAR COMO ANTES AQUELA BELEZA PODE TER SIDO UMA LAGARTA FEIA E RASTEJANTE, MAS É ESSA CERTEZA QUE TEMOS: AS BORBOLETAS JÁ PASSARAM POR TODAS AS SUAS FASES.

A Borboleta significa a alma em elevação, em liberdade. É um símbolo muito forte de representação da evolução espiritual e de como precisamos mudar, evoluir, nos desprender. Quando saem de seus casulos as borboletas experimentam um novo voo, em um novo mundo, por um novo ângulo, ainda inexplicável, ainda desconhecido, mas arriscam. As borboletas sabem que podem confiar em suas asas.

Perceba a beleza das borboletas comparada às lagartas que um dia elas foram. Compare a leveza com que as borboletas voam e tocam as flores, no agrado que fazem aos olhos humanos.

Isso é evoluir, isso é vencer! É Ser em essência.

Esse é o maior e mais bonito símbolo de transformação que conheço. Existem muitas borboletas em seus casulos. É preciso gritar para que criem coragem.

Por isso, o convite para Ser não é único, ele pode e deve ser multiplicado em milhares de pessoas que, juntas, conseguirão trazer luz à sombra, sabedoria a quem precisa e amor para aqueles que esqueceram que esse sentimento existe.

Usei, em meio aos meus textos, autores que admiro e outros que eu aprendi a admirar, não só pela beleza com que conseguem transmitir, mas porque tentaram e tentam com seu artesanato de palavras propagarem um pouco de mais amor. Percebi, também, que em todos esses autores a presença de Deus é marca entre seus pensamentos. Essa energia maior que rege o Universo e que conduz nossas vidas.

A viagem entre os séculos passados permite encontrar essas pessoas através de seus textos, relatos e sentir o quanto amar é importante, nunca sai de moda. Simplesmente, porque o amor se inventa e reinventa a cada dia, a cada instante. É ele que une, e que separa, e que renova, e que faz viver. Mas, às vezes, sinto receio de não praticar, corretamente, ou como deveria a minha tarefa por aqui. Em contrapartida, tomo muito cuidado, ao menos, em praticar o bem e o amor. Se não conseguir praticar tudo que deveria, o que pratiquei e pratico têm como elementos fundamentais o amor e a fé infinita que tenho em Deus.

A essência pode ser transmitida não somente por meio de grandes atos, mas também pelas palavras que usamos, pelos atos que nós praticamos, e, principalmente, por aquilo que sentimos verdadeiramente.

Vem ser para vencer. Indiscutivelmente, é preciso SER antes de tudo. Não melhore apenas você, leve consigo aqueles que você ama e aqueles que precisam do seu amor.

Hoje, muita gente está engessada na arte de amar. Desacreditadas, propagam o mundo do desânimo, da desilusão e, simplesmente, não realizam. Como podem as pessoas vencer, ser vencedores se carregam uma alma vazia de sentimentos, vazia de sensações?

Grandes vencedores sabem que precisam ter uma alma de vencedores. Que precisam carregar dentro de si algo que não é só seu. Grandes vencedores levam dentro de si um Deus que ensina que todos nós somos grandes vencedores. Simplesmente, porque não precisamos buscar ou correr atrás de Deus, porque Ele está dentro de nós.

Nunca foi tão necessário resgatar valores humanos, voltar a acreditar em si e no outro e, acima de tudo, propagar o bem.

Um homem, porém, foi capaz de mudar o percurso do mundo e se tornou símbolo de esperança, persistência, dignidade, compaixão e amor. Esse homem nasceu em uma família pobre e com pais simples. Viveu de perto a fome, a peste, a miséria, a dor e o sofrimento, mas conseguiu mudar a História do mundo em uma época em que não existiam meios de comunicação em massa, contudo, as pessoas se aglomeravam para vê-lo passar.

Aos olhos de muitos tinha tudo para dar errado, mas ele recebeu de seu Pai uma missão e não hesitou em cumprir. Poderia ter desistido, pois sabia de tudo o que sofreria pela frente, poderia deixar de sonhar, mas ele tinha um objetivo! Seu objetivo não era melhorar, era MUDAR!

Atualmente, mais de dois bilhões de pessoas dizem amá-lo de alguma maneira e nas mais diferentes religiões. E apesar das grandes invenções e descobertas, seus ensinamentos resistiram a todas as mudanças culturais, sociais, políticas, artísticas e econômicas que aconteceram ao redor do Planeta.

Jesus venceu com amor, com gentileza, com simplicidade, com mansidão.

Independentemente de religião, o amor é a representação maior, nunca sai de moda e se inventa e reinventa a cada dia, a cada instante. Cristo foi a maior representação do amor, e até hoje seu nome é exemplo para demonstrar o mais sutil e poderoso dos sentimentos.

Jesus se apresentou como um ser humano com todas as suas limitações naturais, e por meio de sua simplicidade resgatou o sonho de milhares de pessoas e conseguiu mudar o mundo. Venceu, foi um vencedor, mas fez vencedores. Não subiu ao pódio sozinho.

Cada um pode transmitir o amor como puder e conseguir. Jesus foi o maior exemplo de amor, mas confiou àqueles que ficaram a tarefa de propagar suas palavras.

Não importa o que você faça nem quantos anos você tenha. Dê sempre uma chance a si mesmo e nunca desista dos outros.

Se Ele mudou o mundo acreditando na paz, na família, no amor, no ser humano em essência, então, acredite! Jesus – um mestre que deixou seus ensinamentos, que encerrou sua aula, partiu da escola e deixou uma lição de casa que precisa ser feita, ser entregue.

Ele continua a nos buscar, não fisicamente, como quando andava nas ruas da Palestina, mas espiritualmente, através do chamamento de sua doutrina divulgada por aqueles que continuam a semear o bem e o amor.

Espero que os dizeres do quadro *É preciso mudar a vida*, citado anteriormente, tenham ficado tão pequenos diante do quanto ainda precisamos mudar dentro de nós.

Permita-se mudar, tudo o que você fez até aqui é seu. Pegue um jeito novo e tente!

Termino esse texto sentindo um turbilhão de perguntas ainda dentro de mim. Mas, ainda há muito tempo para novas reflexões, porque elas nunca se esgotam, estão sempre renascendo. O que não quero com minhas ideias é determinar uma maneira operacional de ser. Mesmo porque nessa escola toda eu estou em nível básico, aprendendo muito ainda, mas creio que estou bem melhor do que ontem, e no dia após dia também, e isso está entre as maiores verdades que eu acredito nesta vida. Assim como a imortalidade da alma e o exemplo de amor que aqui praticamos.

Que todas essas palavras sejam espalhadas, percorrendo corações e alimentando almas. Juntos, a caminhada para o bem fica mais divertida e a construção de nossas escadas ficam mais leves.

Vem ser! Quem serve a Deus sempre vence.

Com carinho,

William Sanches

Contato com autor:

www.williamsanches.com.br

Twitter:

twitter.com/williamsanches

Referência Bibliográfica

MACHADO, Machado. **Memórias póstumas de Brás Cubas**. São Paulo: Editora Ática, 1995

Bíblia Sagrada. 33ª ed. São Paulo: Ave Maria, 1982.

Boff, Leonardo. **Espiritualidade – Um Caminho de Transformação.** Rio de Janeiro: Ed. Sextante, 2001.

BUSCAGLIA, Leo. **Amando uns aos outros.** 15ª ed. Rio de Janeiro. Nova Era, 2007.

----------------------- **Amor**. 26ª ed. Rio de Janeiro: Nova Era, 2008.

----------------------- **Nascidos para amar**. Rio de Janeiro: Nova Era, 2005.

CAVALCANTE, Anderson, **O que realmente importa?** São Paulo: Editora Gente, 2009.

CALDWELL, Taylor. **O grande amigo de Deus.** Rio de Janeiro: Record.

----------------------- **Médico de homens e de almas.** Rio de Janeiro: Record, 1994.

CALLIGARIS, Rodolfo. **As leis morais.** Rio de Janeiro: Federação Espírita Brasileira, 1989.

----------------------- **Páginas de Espiritismo Cristão.**

2ª ed. Rio de Janeiro: Federação Espírita Brasileira, 1983.

CHALITA, Gabriel. **Educação: a solução está no afeto.** São Paulo: Editora Gente, 2001.

CURY, Augusto. **O mestre do amor.** Editora GMT, 2006.

--------------------- **O mestre da sensibilidade.** Editora GMT, 2006.

--------------------- **O mestre da vida.** Editora GMT, 2006.

DESCARTES, René.

------------------- **As Paixões da Alma.** São Paulo: Nova Cultural, 1996.

------------------- **Discurso do Método.** São Paulo: Nova Cultural, 1996.

------------------- **Princípios da Filosofia.** Lisboa: Guimarães Editores, 1989.

------------------- **Regras para a Orientação do Espírito.** São Paulo: Martins Fontes, 1999.

ESPANCA, Florbela. **Livro de Mágoas, Sonetos.** Amadora, Portugal: Bertrand, 1978.

FROMM, Erich. **A arte de amar.** São Paulo: Martins Fontes, 2000.

INCONTRI, Dora. **Pedagogia Espírita.** Editora Comenius, 2006.

LUCADO, Max. **Seu nome é Jesus.** São Paulo: Mundo Cristão, 2010.

WATZLAWICK, Paul. **Sempre Pode Piorar ou A Arte de Ser (In) Feliz - Uma abordagem psicológica.** Ed. Pedagógica e Universitária Ltda.

Sucessos da ebm

Neste livro você vai conhecer a trajetória do espírito André K. que em 1995, após tratamento espiritual em sessões mediúnicas no plano espiritual, recebe permissão para contar sua história de vida. Por meio da Médium Gorete Newton André K. narra como desencarnou aos 16 anos, de overdose, na cidade de Zurique na Suíça.

Trata-se de um relato muito ilustrativo e informativo para pais e filhos, assim também para toda a sociedade, no que se refere às consequências do consumo de drogas, após a morte do corpo físico.

Médium: Gorete Newton
Espírito: André K
Gênero: Romance

Em suas obras, Manoel Philomeno de Miranda tem realizado reportagens importantíssimas a respeito do fenômeno das obsessões, relatando orientações de especialistas espirituais acerca desse flagelo da Humanidade de todos os tempos. Obsessivos, junto ao Movimento Espírita, que tentam, com esse expediente, obstaculizar o avanço do Consolador. O Benfeitor amigo tem feito relatos de capital importância para todos nós que militamos no Movimento Espírita, verdadeiros alertas para que estejamos vigilantes e possamos superar esse mal que campeia, cada vez e com maior intensidade, em nosso movimento.

Médium: Divaldo Franco
Espírito: Manoel Philomeno de Miranda
Organizador: Alírio de Cerqueira Fifho
Gênero: Estudo

Nesta obra, o autor apresenta como uma tela pintada com pincéis coloridos e poéticos, os assuntos mais controvertidos da atualidade. São abordados aspectos acerca de reencarnação, mediunidade, questões familiares, sociais, sexuais e outros aspectos com embasamento científico, em sólidos alicerces filosófico, buscando o sentido ético e evolutivo em todas as questões.

Autor: Ricardo Di Bernardi
Gênero: Diversos

Neste livro, Suely Caldas Schubert apresenta, em uma exposição simples e ao mesmo tempo profunda, que lhe são peculiares, uma visão acerca da ciência e da Espiritualidade, com base em algumas das mais modernas teorias que abordam a transcendência da vida e propõem, em definitivo, uma mudança do paradigma cartesiano e de seus postulados materialistas. A autora, igualmente, enfoca alguns dos princípios básicos da física quântica, que abrem novas perspectivas para o conhecimento humano e que evidenciam, a partir da constatação de que há em todo o Universo uma fantástica teia cósmica, um entrelaçamento que une todos os seres e todas as coisas.

Autora: Suely Caldas Schubert
Gênero: Autoajuda

Segundo a Organização Mundial de Saúde (OMS), até o ano de 2020, a depressão será a segunda doença de maior ocorrência no mundo, perdendo apenas para as cardíacas. Com tal previsão, falar sobre depressão torna-se imprescindível.

Nesse sentido, VENCENDO A DEPRESSÃO, do autor Wlademir Lisso é uma obra alicerçada nos postulados científicos e espíritas, que busca dar respostas positivas a essa questão, por meio da reflexão sobre as infinitas potencialidades físicas e espirituais do ser humano.

Autor: Wlademir Lisso
Gênero: Autoajuda

Impresso por :

Graphium
gráfica e editora

Tel.:11 2769-9056